Das Gesetz für Elsaß-Lothringen

betreffend

die Fischerei

vom 2. Juli 1891.

Im Auftrage des Ministeriums, Abtheilung für Finanzen, Landwirthschaft und Domänen

erläutert und herausgegeben

von

Freiherrn von Bibra und Lichtenberg
Ministerialrath Regierungsassessor.

Straßburg.
Verlag von Karl J. Trübner.
1893.

Vorwort.

Die vorliegende Ausgabe des Gesetzes vom 2. Juli 1891 betr. die Fischerei und der dazu erlassenen Verordnungen u. s. w. soll dazu dienen, den Verwaltungs- und richterlichen Beamten und den weiten Bevölkerungskreisen, deren Interesse an der Fischerei gerade in Elsaß-Lothringen überaus lebhaft ist, die Handhabung und das Verständniß der fischereirechtlichen Bestimmungen zu erleichtern.

Veranlaßt wurde die Ausgabe durch den Leiter der Ministerialabtheilung für Finanzen, Landwirthschaft und Domänen, Herrn Unterstaatssekretär von Schraut, dem auch das Zustandekommen des Gesetzes selbst in erster Reihe zu verdanken ist.

Leider wurde die Herausgabe des Werkchens durch unvorhergesehene Zwischenfälle verzögert. Dieser Umstand ermöglichte es jedoch andererseits, in den Anmerkungen noch verschiedene Fragen zu berücksichtigen, die während der kurzen Zeit der praktischen Geltung des Gesetzes bereits aufgetaucht sind.

Straßburg, im Oktober 1892.

Die Herausgeber.

Inhaltsverzeichniß:

		Seite
1.	Einleitung	1
2.	Fischereigesetz	14
3.	Verordnung betr. die Fischerei	74
4.	Ausführungsverordnung	86
5.	Verordnung betr. die Laich- u. Hegeplätze	96
6.	Verordnung betr. das Verbot des Krebsfanges	103
7.	Bekanntmachung betr. die Strecken der Nebenflüsse des Rheins, welche den Durchzug der Lachse u. Maifische vermitteln	106
8.	Bekanntmachung betr. dic Verunreinigung von Wasserläufen	107
9.	Genossenschaftsverordnung	109
10.	Verordnungen betr. Kennzeichnung der Fischerfahrzeuge	113
11.	Vertrag betr. die Lachsfischerei	116
12.	Luzerner Uebereinkunft	122
13.	Ueberficht über die Bezirke der Wasserbauinspektoren	128
14.	" " " " " Meliorationsbauinspektoren	129
15.	Mustersatzungen für Fischereigenossenschaften	130
16.	Muster für Verpachtungen von Staatsfischereien	134
17.	Muster für Verpachtungen von Gemeindefischereien	141
18.	Sachregister	146

Abkürzungen:

Ausführungsver.	=	Verordnung vom 29. April 1892 zur Ausführung des Gesetzes betr. die Fischerei vom 2. Juli 1891.
C.- u. Bez.-Amtsblt.	=	Central- und Bezirksamtsblatt für Elsaß-Lothringen.
C.-P.-O.	=	Civilprozeßordnung.
Dalloz J. G.	=	Dalloz, Jurisprudence générale.
Dalloz Rec. per.	=	Dalloz, Recueil périodique.
Feldpolizeistrafges.	=	Feldpolizeistrafgesetz vom 9. Juli 1888.
Genossenschaftsver.	=	Verordnung betr. die Bildung von Fischereigenossenschaften vom 31. Juli 1892.
G.-V.-G.	=	Gerichtsverfassungsgesetz.
Ges. betr. d. Forststrafrecht	=	Gesetz betr. das Forststrafrecht und das Forststrafverfahren vom 28. April 1880.
Jur. Zeitschr.	=	Juristische Zeitschrift für das Reichsland Elsaß-Lothringen.
R.-St.-G.-B.	=	Reichsstrafgesetzbuch.
Sammlung	=	Sammlung von Gesetzen, Verordnungen, Erlassen und Verfügungen betr. die Justizverwaltung in Elsaß-Lothringen.
Sitzungsberichte	=	Sitzungsberichte der 18. Session des Landesausschusses 1891.
St.-P.-O.	=	Strafprozeßordnung.
Wassergesetz	=	Gesetz betr. Wasserbenützung und Wasserschutz vom 2. Juli 1891, erläutert und herausgegeben vom den Ministeralräthen Jacob und Fecht, Straßburg 1892.
Ver. betr. die Fischerei	=	Verordnung betr. die Fischerei vom 28. April 1892.
Ver. betr. die Fischerei im Rhein	=	(Aufgehobene) Verordnung betr. die Fischerei in dem Rheine vom 24. Dezember 1876.
Ver. betr. die Fischereipolizei	=	(Aufgehobene) Verordnung betr. die Fischereipolizei vom 12. Februar 1883.
Vorlage Nr. 8.	=	Vorlage Nr. 8 der 18. Session des Landesausschusses 1891.

Einleitung.

Die Fischereiverhältnisse in Frankreich waren unter Ludwig XIV. durch die Ordonnance des eaux et forêts aus August 1669 geordnet worden. Danach hatte in den schiffbaren Flüssen der König (le domaine de la couronne), in den übrigen Wasserläufen der Grundherr (le seigneur), das Fischereirecht. Die Gesetze vom 4. August 1789, 15. März 1790 und 13. April 1791 nahmen den Grundherren das Fischereirecht und übertrugen dasselbe an die Ufereigenthümer (Gutachten des Staatsraths vom 27./30. pluviose XIII). Ein Dekret vom 8. frimaire II (28. November 1793) bestätigte die Bestimmungen früherer Dekrete aus Juli 1793, wonach Jedermann zur freien Ausübung der Fischerei befugt war; jedoch wurde durch Gesetz vom 14. floréal X die Fischereiberechtigung des Staates an den schiffbaren Wasserläufen wieder hergestellt, nachdem schon vorher durch Arrêté vom 28. messidor VI elf Artikel des Titel 31 der Ordonnanz von 1669, die von der Fischereiberechtigung handelten, wieder in Kraft getreten waren.

Der Code civil Art. 715 verwies wegen des Fischereirechts auf die besonderen Gesetze, welche diese Materie regelten.

Das Bedürfniß nach einer übersichtlichen Zusammenstellung der bestehenden Bestimmungen über Fischereiberechtigung und Fischereipolizei und nach einer den Zeitverhältnissen entsprechenden Umgestaltung derselben veranlaßte die französische Regierung im Jahre 1828 bei den Kammern einen Gesetzentwurf betr. die Flußfischerei einzubringen. Derselbe wurde unter dem 15./24. April 1829 als Loi relative à la pêche fluviale mit Gesetzeskraft ausgestattet. Vgl. Dalloz, J. G., pêche fluviale.

Erweitert, abgeändert und ergänzt wurde dieses Gesetz durch die Ordonnanz, betr. die Flußfischerei vom 10. Juli 1835, durch das Gesetz vom 6. Juni 1840, die Ordonnanz vom 28. Oktober 1840, betr. die Verpachtung des dem Staate zustehenden Fischereirechts, das Dekret vom 29. April 1862, betr. die Uebertragung der Oberaufsicht, Polizei und Ausbeutung der Flußfischerei an den Minister für Ackerbau, Handel und öffentliche Arbeiten, das Dekret vom 26. August 1865, betr. das Verfahren bei Prüfung der Maschenweite erlaubter Fischnetze, das Dekret vom 2. Dezember 1865, betr. die Belohnung für Protokolle über Fischereifrevel und namentlich durch das Gesetz, betr. die Fischerei vom 31. Mai 1865 und das Dekret, enthaltend die Vorschriften über die Flußfischerei vom 25. Januar 1868.

Die Grundsätze, von denen die französische Gesetzgebung ausging, waren im Allgemeinen folgende:

1. Bezüglich der Fischereiberechtigung: In den schiff- und flößbaren Wasserläufen, deren Unterhaltung dem Staate obliegt, steht die Fischerei dem Staate zu, im Uebrigen hat der Ufereigenthümer das Fischereirecht; in den öffentlichen Wasserläufen darf Jedermann mit der schwimmenden, in der Hand gehaltenen Angel fischen;
2. bezüglich der Fischereipolizei: Eine Reihe von Vorrichtungen, die die Fischerei stören, sind verboten; gewisse Fangarten dürfen nicht ausgeübt werden; für die Salmoniden besteht eine Winterschonzeit, für alle sonstigen Fische besteht eine allgemeine Frühjahrsschonzeit; für gewisse Fische ist ein Mindestmaß vorgeschrieben.

Unter der deutschen Verwaltung blieb diese Gesetzgebung in Kraft. Die neuen Fischereipolizeiverordnungen: vom 24. Dezember 1876 und 9. April 1880 für den Rhein und vom 12. Februar 1883 für die anderen Wasserläufe, enthielten keine grundsätzlichen Aenderungen.

Durch eine Reihe von Verordnungen wurden Schonreviere bestimmt. Ebenso wurde, als die Krebspest in den elsaß-lothringischen Gewässern überhand nahm, der Krebsfang in den meisten Wasserläufen verboten. Schließlich wurden durch Bezirkspolizeiverordnungen Bestimmungen wegen der allgemeinen Zulässigkeit bestimmter Fanggeräthe und der Beschaffenheit der schwimmenden Angel getroffen; so für Ober-Elsaß durch die Verordnungen vom 4. März 1884 und vom 7. Juni 1885, für Unter-Elsaß vom 15. Januar 1884 und 22. März 1885 und für Lothringen vom 10. Dezember 1883, 8. August 1884 und 17. Juli 1890.

Gegen die überhandnehmende Verunreinigung der Fischwasser, namentlich durch die Abgänge industrieller Anlagen, war die Bekanntmachung des Ministeriums vom 9. August 1886 gerichtet, die auf Grund einer Uebereinkunft zwischen Elsaß-Lothringen,

Baden und der Schweiz vom 22. und 23. Oktober 1883, abgeschlossen in Basel, erlassen wurde.

Die deutsche Verwaltung war aber auch bemüht, für die Hebung der Fischerei durch Einführung gemeinschaftlicher gesetzlicher Bestimmungen, insbesondere hinsichtlich der Wanderfische, und durch Herbeiführung einer übereinstimmenden Behandlung der Fischereiinteressen im ganzen Stromgebiete des Rheines, zu dem ja Elsaß-Lothringen gehört, Sorge zu tragen. Das Reich schloß zu diesem Zwecke mit den Niederlanden und der Schweiz den Vertrag vom 30. Juni 1885, betr. die Regelung der Lachsfischerei im Stromgebiete des Rheins (R.-G.-B. 1886 S. 192) s. S. 116. Die Landesverwaltung von Elsaß-Lothringen trat in derselben Absicht in Verhandlungen mit den Nachbarstaaten Baden und Schweiz ein. Das Ergebniß dieser Verhandlungen waren außer der oben erwähnten Baseler Uebereinkunft mehrere Verträge, welche schließlich zu der Uebereinkunft zwischen Elsaß-Lothringen, Baden und der Schweiz über die Anwendung gleichartiger Bestimmungen für die Fischerei im Rhein und seinen Zuflüssen, abgeschlossen in Luzern am 18. Mai 1887, führten. (S. 122.) Diese Uebereinkunft berührt die Frage der Fischereiberechtigung nicht; sie setzt nur gemeinsame Normen für die Fischereipolizei fest. Im Gegensatz zu dem bisher in Elsaß-Lothringen geltenden Recht steht sie auf dem Standpunkt der reinen Individualschonzeit.

Als den in dieser Uebereinkunft eingegangenen Verpflichtungen nachgekommen werden sollte, drängte sich von selbst der Gedanke auf, diese Gelegenheit zu einer Reform des gesammten Fischereirechts zu benutzen und eine thunlichste Uebereinstimmung zwischen dem für den Rhein und dem für die übrigen Wasserläufe geltenden Rechte herbeizuführen. Auch aus den Kreisen der Interessenten selbst, im Landesausschusse und bei den Fischereiaufsichtsbeamten wurden Klagen über das geltende Recht laut. Die Regierung entschloß sich deswegen zur Vorlage eines, das gesammte Fischereirecht Elsaß-Lothringens umfassenden Gesetzentwurfes, der in der 18. Session des Landesausschusses, Anfang 1891, zur Berathung kam, und der mit einer Reihe von Abänderungen unterm 2. Juli 1891 als Gesetz betr. die Fischerei Gesetzeskraft erlangte.

Die Begründung des Gesetzentwurfes (Vorlage Nr. 8) spricht sich über die Entstehung und den Zweck desselben folgendermaßen aus:

„Die Klagen über den allgemeinen Niedergang des Fischereiwesens, über den mehr und mehr abnehmenden Reichthum der Gewässer an Fischen sind nicht neu und haben wiederholt in betheiligten Kreisen, im Schooße der Fischereivereine und des Landesausschusses Ausdruck gefunden. Ist dieser, auch in andern Ländern beobachtete Rückgang vorwiegend der fortschreitenden Kultur und den durch diese bedingten Maßnahmen und Einrichtungen zuzuschreiben, so bleibt doch die Frage zu prüfen, ob demselben nicht auf dem Wege der Gesetzgebung entgegengewirkt werden kann.

Es kann als unbestritten angenommen werden, daß die im Interesse der Landeskultur und der öffentlichen Gesundheit seit Beginn des Jahrhunderts vorgenommenen großartigen Strom- und Flußbauten schon durch die Verminderung der Wasserflächen und insbesondere der dem Schutze und der Fortpflanzung der Fische gewidmeten Theile derselben, eine Verminderung des Fischbestandes erwirken mußten. Ebenso steht fest, daß die Entwickelung der Industrie, die Benutzung der Wasserläufe als Triebkraft für zahlreiche Fabriken, die Benutzung des Wassers selbst in Bleichereien, Färbereien 2c., endlich die aus industriellen Etablissements eingeleiteten Stoffe und Abwasser einen schädigenden Einfluß auf die Fischerei ausüben mußten.

Erscheint es nun einerseits undenkbar, der Ausführung öffentlicher Arbeiten auf dem Gebiete der Landeskultur oder der Gesundheitspflege entgegenzutreten oder eine entwickelte Industrie zu Gunsten der Fischerei zu schädigen, so muß doch andererseits geprüft werden, ob nicht diesen schädigenden Einwirkungen, sowie dem durch andere Ursachen bedingten Niedergang der Fischerei durch die Gesetzgebung, sei es auf dem Gebiete der Fischereipolizei, sei es auf dem des materiellen Fischereirechts, entgegengetreten werden kann.

An Wünschen und Vorschlägen nach beiden Richtungen hat es nicht gefehlt.

In Beziehung auf das Fischereirecht ist von einer Seite die Beseitigung der Fischereiberechtigung der Ufereigenthümer und deren Uebergang an die Gemeinden, von anderer Seite die Ausübung dieses Rechtes durch die Gemeinde zu Gunsten der Ufereigenthümer, von Dritten endlich die genossenschaftliche Regelung der Fischerei an den nicht schiff- oder flößbaren Wasserläufen in Vorschlag gebracht worden. Bestand auch Uebereinstimmung darüber, daß bei der bestehenden gesetzlichen Regelung eine wirthschaftliche Handhabung der Fischerei an diesen Wasserläufen nicht möglich sei, so fand doch im Allgemeinen nur die Einführung einer genossenschaftlichen Regelung der sogenannten Adjacentenfischerei Anklang.

Auf dem Gebiete der Fischereipolizei sind die Fragen der Schonzeiten, der erlaubten oder verbotenen Fanggeräthe, die mit der allgemeinen Angelfreiheit verbundenen Nachtheile, die Unzulänglichkeit der Fischereiaufsicht, die Unzuträglichkeiten, welche die verschiedenartige Regelung der Fischereipolizei für den Rhein und die Binnengewässer zur Folge hat, endlich die Beschwerden der elsässischen Fischer über die abweichende Regelung der Fischerei im Rhein für Elsaß-Lothringen und Baden erörtert und Vorschläge zur Beseitigung bestehender Mißstände gemacht worden.

Ein großer Theil der ausgesprochenen Wünsche und Beschwerden erscheint berechtigt, und es soll deren Erfüllung bezw. Beseitigung durch Abänderung und Ergänzung der bestehenden Fischereigesetzgebung angestrebt werden.

Als wichtigste Punkte sind hierbei hervorzuheben:

die genossenschaftliche Regelung des Fischereirechts;

die thunlichste Gleichstellung des Rheins und der Binnengewässer;

die strenge Durchführung des absoluten Marktverbotes und der Verkehrskontrole während der Schonzeiten und hiermit im Zusammenhange die Festsetzungen der Schonzeiten im Anschlusse an die Bestimmungen der Luzerner Uebereinkunft vom 18. Mai 1887.

Liegt nach Vorstehendem in sachlicher Beziehung das Bedürfniß nach Abänderung der bestehenden Fischereigesetzgebung vor, so erscheint dieselbe gerade im gegenwärtigen Zeitpunkte auch in formeller Beziehung um deswillen geboten, weil es sich um Einlösung einer internationalen Verbindlichkeit handelt. Zufolge der eben erwähnten, zwischen Elsaß-Lothringen, Baden und der Schweiz abgeschlossenen Uebereinkunft haben die Vertragsstaaten sich verpflichtet, die Bestimmungen der Uebereinkunft in ihren Gesetzen und Verordnungen thunlichst durchzuführen. Diese Durchführung ist aber für Elsaß-Lothringen zum Theil nur unter Abänderung der bestehenden Gesetze ausführbar.

Es kommen hierbei in Betracht das Gesetz vom 15./24. April 1829 über die Flußfischerei, die Ordonnanz vom 10. Juli/16. September 1835, betreffend die Flußfischerei, die Ordonnanz vom 28. Oktober 1840, betreffend die Verpachtung des dem Staate zustehenden Fischereirechts, das Gesetz vom 31. Mai 1865 über die Fischerei, das Dekret vom 2. Dezember 1865 über die Belohnungen für Feststellung von Fischereifreveln, das Gesetz vom 24. Dezember 1876, betreffend die

Festsetzung von Fischereischonstrecken, die Verordnung vom 24. Dezember 1876, betreffend die Fischerei im Rhein, endlich die Verordnung vom 12. Februar 1883, betreffend die Fischereipolizei.

Das grundlegende Gesetz vom 15./24. April 1829 hatte in materieller Beziehung schon durch die Einführung des Strafgesetzbuches in einzelnen Punkten Abänderungen erlitten; durch die Einführung des Gerichtsverfassungsgesetzes und der Strafprozeßordnung sind die Bestimmungen im V. Titel (Verfolgung der strafbaren Handlungen), im VI. Titel (Strafen und Verurtheilungen), endlich im VII. Titel (Vollstreckung der Urtheile) zum größten Theile hinfällig geworden. Es erscheint daher zweckmäßig, die in Aussicht genommenen Abänderungen nicht in Form einer Novelle der bestehenden Gesetzgebung anzuschließen, sondern im Interesse der Uebersichtlichkeit und Klarheit die zerstreute und mannigfach durchlöcherte Gesetzgebung zu beseitigen und an deren Stelle ein neues einheitliches Gesetz treten zu lassen. Im Interesse der Uebersichtlichkeit empfiehlt es sich, die Eintheilung in Hauptabschnitte beizubehalten. Es sind dies I. Fischereiberechtigung, II. Ausübung der Fischerei, III. Beaufsichtigung der Fischerei, IV. Strafbestimmungen, V. Schlußbestimmungen.

Es sei noch beigefügt, daß, während in den bestehenden Gesetzen in den einzelnen Artikeln sämmtliche Arten von Wasserläufen möglichst vollständig aufgezählt sind, um dann doch mit cours d'eau quelconques zu schließen, in dem Entwurfe, soweit nicht der Inhalt der einzelnen Bestimmungen eine besondere Bezeichnung von selbst erfordert, einfach der Ausdruck „Wasserläufe“ gebraucht ist.“

Aus den Verhandlungen im Landesausschuß ist Folgendes zu erwähnen:

Die erste Lesung des Gesetzentwurfs fand am 12. Februar 1891 statt. Die Verhandlungen wurden durch eine eingehende Darlegung des Zweckes und der Grundzüge der Vorlage seitens des Unterstaatssekretärs von Schraut eingeleitet. An den weiteren Erörterungen betheiligten sich noch die Abgeordneten Dr. Gunzert, Spies, Klein, Baron Zorn von Bulach, Dr. North und Köchlin. (Sitzungsberichte S. 72 ff.) Der Entwurf wurde darauf der IV. Kommission für Gewerbe, Landwirthschaft und öffentliche Arbeiten überwiesen, nachdem Anträge auf Verweisung desselben an eine besondere Spezialkommission oder an die Spezialkommission zur Vorberathung des Gesetzentwurfes betr. Wasserbenutzung und Wasserschutz abgelehnt worden waren.

Der Kommissionsbericht, der von dem Abgeordneten Jaunez erstattet wurde, sprach sich im allgemeinen Theile über die Veranlassung der Vorlage des Gesetzentwurfs und über die wesentlichen Verschiedenheiten aus, die derselbe gegenüber dem herrschenden Rechte enthielt. Im Einzelnen wurde eine Reihe von Abänderungen, theils redaktioneller, theils sachlicher Natur vorgeschlagen, auf welche, soweit nöthig, in den Erläuterungen bei den betreffenden Stellen besonders hingewiesen ist. (Sitzungsberichte S. 557 ff.).

Die zweite Lesung des Entwurfs erfolgte in den beiden Sitzungen des 16. April 1891 (Sitzungsberichte S. 544 ff. und S. 581 ff.). An mehrere Paragraphen des Entwurfs wurden Erörterungen geknüpft, an denen sich die Abgeordneten Spies, Dr. North, Krafft, Jeanty, Köchlin, Baron Zorn von Bulach, Adam, Hochapfel, Mieg-Köchlin, Klein und Back und vom Regierungstische Unterstaatssekretär von Schraut und Regierungsrath Stadler betheiligten. Besprochen wurden namentlich die Frage der Fischerei in Kanälen und Gräben, welche auf Privateigenthum liegen, die Frage des Froschfanges, die Gründung von Fischereigenossenschaften, die Ausstellung der Fischer- und Angelkarten, die Festsetzung der Schonzeiten und Mindestmaße, die Teichfischerei, die Verunreinigung der Fischwasser und die Fischerei an Sonn- und Feiertagen. Schließlich wurden sämmtliche Paragraphen nach den Beschlüssen der Kommission angenommen.

In der am 22. April 1891 vorgenommenen dritten Lesung (Sitzungsberichte S. 669 ff.) begründeten zunächst die Abgeordneten Jaunez und Winterer ihre ablehnende Haltung gegen den Gesetzentwurf mit sozialpolitischen Bedenken. Nachdem Unterstaatssekretär von Schraut nochmals den Zweck des Gesetzes auseinandergesetzt hatte, wurden die einzelnen Paragraphen in der Fassung der zweiten Lesung angenommen, mit Ausnahme der §§ 14 Abs. 2, 21 Abs. 4, 23, 32, 45 und 48 Abs. 2, zu denen Abänderungsanträge von den Abgeordneten Pierson und Genossen, Spies, Jeanty und Genossen, Krafft und Genossen und Gunzert gestellt wurden. An den Verhandlungen betheiligten sich außer den bereits Genannten noch die Abgeordneten Rennig, Ditsch, Köchlin, Dr. Petri, Mieg-Köchlin und als Regierungskommissar Regierungsrath Stadler.

Schließlich wurde unter namentlicher Abstimmung das ganze Gesetz mit 32 gegen 14 Stimmen (und eine Enthaltung) angenommen.

Der Bundesrath ertheilte den vom Landesausschuß beschlossenen Abänderungen in seiner Sitzung vom 11. Juni 1891 seine Zustimmung. Das am 2. Juli 1891 vollzogene Gesetz wurde in Nummer 14 des Gesetzblattes für Elsaß-Lothringen von 1891 (S. 69) verkündet.

Wegen der zur Ausführung des Gesetzes erlassenen Verordnungen vgl. Anmerkung 2 zu § 55 S. 74 und wegen des Wortlautes dieser Verordnungen vgl. S. 74 ff.

Was den örtlichen Geltungsbereich des Gesetzes anlangt, so erstreckt sich die Wirksamkeit des Gesetzes auf das Gebiet von Elsaß-Lothringen. Auf die Wasserläufe an den Grenzen findet es soweit Anwendung, als dieselben innerhalb der Hoheitsgrenzen des Reichslandes liegen.

Nur in zwei Fällen kann die Anwendung des Gesetzes innerhalb Elsaß-Lothringens zweifelhaft und seine Ausdehnung auf die Gebiete anderer Staaten zulässig erscheinen.

Der zwischen Frankreich und Baden abgeschlossene Staatsvertrag vom 5. April 1840 (Bull. des lois 1840 IX Série N. 8694 S. 415 ff. und badisches Staats- und Regierungsblatt 1840 S. 129 ff.) bestimmt nämlich Folgendes:

Art. 1.

La démarcation entre la France et le Grand-Duché de Bade se compose de deux limites: l'une, destinée, sauf les exceptions stipulées au présent traité, à séparer les droits de souveraineté des deux pays et déterminée par le Thalweg du Rhin; l'autre, ayant pour objet, suivant les dispositions ci-après, de séparer les droits de propriété sur les îles et atterrissements du Rhin, et formée d'une série de lignes continues et invariables de position.

Art. 1.

Die Grenze zwischen Frankreich und dem Großherzogthum Baden besteht aus zweierlei Grenzlinien; die eine ist bestimmt, vorbehaltlich der in gegenwärtiger Uebereinkunft festgesetzten Ausnahmen, die Hoheitsrechte beider Staaten zu scheiden, und wird durch den Thalweg des Rheins bezeichnet; die andere hat den Zweck, nach den unten folgenden Anordnungen die Eigenthumsrechte über die Inseln und Verlandungen des Rheins zu scheiden, und ist durch eine Reihe zusammenhängender, in ihrer Lage unveränderlicher Linien gebildet.

Art. 4.

L'axe du Thalweg, dont la position aura été reconnue et

Art. 4.

Die Axe des Thalwegs, dessen Lage untersucht, und durch ein

constatée par un procès-verbal rédigé en double expédition, et accompagné d'une carte figurative, formera, jusqu'à la reconnaissance suivante, la limite de la souveraineté des deux Etats, nonobstant tous les changements qui pourront survenir, avant cette époque, dans la position du Thalweg naturel.

Cette limite conventionelle règlera l'application des lois civiles et criminelles, et l'exercice de toutes les parties de l'administration publique.

Les deux Gouvernements conviennent de s'entendre ultérieurement sur l'exécution réciproque des contrats et jugements civils, la poursuite des délits commis sur les frontières et la police des droits dont il est parlé en l'article suivant.

doppelt auszufertigendes Protokoll nebst beigefügter Handkarte anerkannt worden ist, bildet bis zur nächstfolgenden Untersuchung die Hoheitsgrenze zwischen beiden Staaten ohne Rücksicht auf die Veränderungen, welche vor diesem Zeitpunkte in der Lage des wirklichen Thalwegs eintreten können.

Diese konventionelle Grenze bestimmt die Anwendung der Civil- und Criminalgesetze, so wie die Ausübung aller Zweige der öffentlichen Verwaltung.

Beide Regierungen kommen überein, sich später über den gegenseitigen Vollzug der bürgerlichen Verträge und Rechtssprüche, über die Verfolgung der an der Grenze vorfallenden Vergehen und über die Polizei hinsichtlich der im folgenden Artikel erwähnten Berechtigungen gemeinschaftlich zu verständigen.

Art. 5.

Les droits de chasse, de pêche, de lavage de l'or, sur les îles et les eaux du fleuve seront exercés par le domaine, les communes, les établissements publics ou les particuliers de chaque État, jusqu'à la limite fixe des bans des communes, sans aucun égard à la position de la limite de souveraineté.

Il en sera etc.

Art. 5.

Die Jagd-, Fischerei- und Goldwäschereirechte werden von dem Domänenfiskus, von den Gemeinden, den öffentlichen Anstalten oder den Privaten eines jeden Staates bis an die feste Grenze der Gemeindsgemarkungen, ohne alle Rücksicht auf die Lage der Hoheitsgrenze, ausgeübt.

Das Gleiche u. s. w.

Art. 9.

La limite de propriété ou des bans restera invariable de

Art. 9.

Die Eigenthums- oder Banngrenze bleibt in ihrer Lage

position; elle est continue et de figure polygonale, et elle traverse alternativement les eaux et les îles du Rhin sur toute l'étendue de la frontière. Sa figure géométrique, assurée par des bornes et des repères, sa position topographique, sont décrites dans le procès-verbal historique et descriptif de la limite des propriétés et sur la carte qui y est annexée. Ce procès-verbal aura la même force et la même valeur que la présente Convention dont il est censé faire partie intégrante.

La limite des propriétés qu'il décrit est approuvée et sera établie dans son intégrité.

Chaque propriétaire etc.

unveränderlich; sie bildet eine zusammenhängende mehrfach gebrochene Linie und durchschneidet abwechselnd die Gewässer und die Inseln des Rheins längs der ganzen Ausdehnung der Landesgrenze. Ihre geometrische Figur, welche durch Grenzsteine und feste Anhaltspunkte gesichert ist, und ihre topographische Lage sind in dem historischen und beschreibenden Protokoll über die Eigenthumsgrenze und in der demselben beigefügten Karte beschrieben. Dieses Protokoll soll dieselbe Kraft und Gültigkeit haben, wie gegenwärtige Uebereinkunft, als deren integrirender Bestandtheil es angesehen wird. Die Eigenthumsgrenze, welche es beschreibt, ist hiermit genehmigt und wird aufs Vollständigste hergestellt werden.

Jeder Eigenthümer u. s. w.

Die Auslegung dieser Bestimmungen ist namentlich bezüglich der auf Jagd und Fischerei sich beziehenden Stellen zweifelhaft. Sowohl die Verwaltungsbehörden, wie die Gerichte schwankten. Die letzte Entscheidung, welche von dem elsaß-lothringischen Oberlandesgerichte ergangen ist, spricht sich dahin aus, daß in den im elsaß-lothringischen Staatsgebiete (diesseits der durch die Axe des Thalwegs des Rheins gebildeten Hoheitsgrenze) gelegenen Theilen badischer Gemeindegemarkungen die elsaß-lothringische Jagd- und Fischerei-Polizeigesetzgebung Anwendung zu finden habe, daß aber hinsichtlich des materiellen Jagd- und Fischereirechts, der Jagd- und Fischereiberechtigung, betreffs der Frage, wer zur Ausübung dieser Rechte in den in Rede stehenden badischen Gemeindegemarkungstheilen berechtigt sei, und in welchem Umfange ihm diese Rechte zustehen, die badische Gesetzgebung maßgebend sei. (Vgl. Jur. Zeitschrift XV, 1890. S. 23 ff.)

Diese Mittelmeinung, welche den bestehenden Verhältnissen, dem Sinne des Vertrages und der Auffassung von dem Umfange und dem Wesen der Staatshoheit am meisten entspricht, wird auch wohl künftighin für die Entscheidung der elsaß-lothringischen Gerichte und Verwaltungsbehörden maßgebend bleiben. (Vgl. auch: Buchenberger, Fischereirecht und Fischereipflege im Großherzogthum Baden. 1888. S. 13, Anm. c.)

Da die fischereipolizeilichen Bestimmungen wegen Schonzeiten, Mindestmaßen, verbotener Fanggeräthe und unzulässiger Arten der Ausübung der Fischerei nunmehr in Elsaß-Lothringen und Baden beinahe völlig übereinstimmen, so wird die Frage nur praktisch bezüglich der Nothwendigkeit der Lösung einer Fischerkarte. Eine solche muß auch derjenige Fischer lösen, welcher auf elsaß-lothringischem Staatsgebiet, aber innerhalb einer badischen Gemeindegemarkungsgrenze die Fischerei ausübt.

Was die Fischereiberechtigung angeht, so gelten innerhalb der badischen Gemarkungsgrenzen die Vorschriften des § 1 des badischen Gesetzes vom 29. März 1852, welche lauten:

„Die Fischerei steht zu:

1. in schiffbaren und flößbaren Flüssen und Seen — als deren Bestandtheil Altwasser, Gießen und dergleichen gelten, so lange sie ihren Zufluß aus dem Hauptwasser haben — dem Staate;
2. in Kanälen, Gewerbswassern, Teichen und andern in ausschließlichem Eigenthum befindlichen Gewässern — dem Eigenthümer; (vgl. jedoch Abs. 2 der Anm. 2 zu § 2 S. 17)
3. in den übrigen Gewässern — der Gemarkungsgemeinde oder wem sonst das Markungsrecht zusteht.

Ausgenommen von der Benützung und Verpachtung der Fischerei von Seiten der Gemeinde sind die Gewässer in abgeschlossenen Räumen, Anlagen und Lustgärten.

Auch kann Derjenige, der beide oder auch nur ein Ufer, wo das Gewässer die Landesgrenze bildet, in einer Ausdehnung von mindestens fünfhundert Ruthen besitzt, verlangen, daß ihm die Fischerei auf seinem Eigenthum zur selbstständigen Ausübung überlassen werde.

Die als Erblehen verliehenen Fischereirechte bleiben aufrecht erhalten, doch treten die nach vorstehenden Bestimmungen zur Fischerei Berechtigten in den Genuß der Lehenabgaben.“

Für den Rhein stimmt das badische Recht demnach mit dem elsaß-lothringischen bezüglich der Fischereiberechtigung im Wesentlichen überein (vgl. §. 1 des Gesetzes S. 14).

In analoger Anwendung des von dem Oberlandesgericht in Colmar ausgesprochenen Grundsatzes gelten für die auf badischem Staatsgebiet liegenden Theile der Gemarkungen elsaß-lothringischer

Gemeinden die badischen Fischerei-Polizeivorschriften und die elsaß-lothringischen Rechtssätze bezüglich der Berechtigung zur Fischerei.

Den zweiten zweifelhaften Fall der Anwendung der Fischereigesetzgebung bieten die Verhältnisse in der Saar und in der Blies, soweit diese Flüsse die Grenze gegen Preußen bilden. Auch hier ist die Festlegung der politischen Grenze durch einen Staatsvertrag vom 23. Oktober 1829 erfolgt, in welchem ebenfalls der Thalweg der beiden genannten Flüsse als Hoheitsgrenze bezeichnet wird. Wegen der Fischerei ist dagegen Folgendes bestimmt:

Art. 12.

Jusqu'à l'expiration des baux existant pour la pêche de la Sarre et de la Blies, le revenu sera partagé entre les deux Gouvernements: à partir de l'expiration de ces baux, la pêche dans la Sarre, depuis Guydengen jusqu'à moitié chemin de Sarreguemines, appartiendra à la Prusse, et l'autre moitié à la France; depuis le triple confin*) jusqu'à moitié chemin du confluent dans la Sarre, la pêche dans la Blies appartiendra à la Prusse et l'autre moitié à la France, auxquels points de séparation il sera planté des bornes d'une forme particulière qui indiqueront les limites de la pêche.

Quant etc.

Art. 12.

Bis zum Ablauf der gegenwärtigen Pacht über die Fischerei in der Saar und der Blies soll der Ertrag unter beiden Staaten getheilt werden. Vom Ablaufe dieser Pächte an soll jedoch die Fischerei in der Saar von Güdingen bis zur Hälfte des Weges von Saargemünd der Krone Preußen, und die andere Hälfte der Krone Frankreich zugehören.

Von dem dreifachen Grenzpunkte*) an bis zur Hälfte des Weges nach der Mündung der Blies in die Saar, wird die Fischerei in der Blies der Krone Preußen, und die andere Hälfte der Krone Frankreich gehören. An den desfallsigen Scheidepunkten sollen Grenzsteine von einer besonderen Form gesetzt werden, welche die Grenzen der Fischerei bezeichnen.

Was den Ertrag der Fähren u. s. w.

Vgl. Bulletin des lois 1831 IX Série Nr. 451 S. 425 und Gesetzsammlung für die Königlich Preußischen Staaten von 1830 S. 26 ff.

---

*) Der dreifache Grenzpunkt liegt bei Uhrigsmühle, wo Preußen, Bayern und Elsaß-Lothringen zusammenstoßen.

Diese Uebereinkunft dürfte in analoger Weise, wie die zwischen Frankreich und Baden getroffene auszulegen sein. Soweit die Fischereipolizeigesetzgebung in Frage kommt, entscheidet auch in der Saar und in der Blies die Hoheitsgrenze über deren Anwendung.

Diese Ansicht wird auch von den Verwaltungsbehörden Elsaß-Lothringens getheilt. So ist in der Verordnung über die Bestimmung von Laich- und Hegeplätzen vom 9. Mai 1892 (S. 103) unter C 16 im nördlichen Theile der Saar, wo die Fischerei also der Krone Preußen zusteht, eine Strecke der linksseitigen Hälfte als Laich- und Hegeplatz bezeichnet. Diese Bestimmung ist wörtlich der Verordnung vom 12. Juli 1884 (Central- und Bezirksamtsblatt S. 173) entnommen. Dort wird als Grund der Maßregel der Umstand angeführt, daß die entsprechende rechtsseitige Flußhälfte seitens der Preußischen Landesregierung gleichfalls als Fischereischonrevier bezeichnet worden sei. Ferner ist in der Verordnung betr. das Verbot des Krebsfanges vom 13. Mai 1892 (S. 106) unter C II der Krebsfang in dem „mit Preußen gemeinschaftlichen Theil" der Blies, also nicht blos in dem Theil, bezüglich dessen „die Fischerei der Krone Frankreich zugehört", untersagt. Eine Entscheidung des elsaß-lothringischen höchsten Gerichtshofes ist in dieser Frage bisher nicht ergangen.

Gesetz,

betreffend die Fischerei, vom 2. Juli 1891.

Gesetzblatt 1891, S. 69

Wir Wilhelm, von Gottes Gnaden Deutscher Kaiser, König von Preußen ꝛc.

verordnen im Namen des Reichs, für Elsaß-Lothringen, nach erfolgter Zustimmung des Bundesraths und des Landesausschusses, was folgt:

Erster Abschnitt.

Fischereiberechtigung.

§ 1.

Die Fischerei steht dem Staate zu:

1. in allen Flüssen, Kanälen und Vorgräben, welche mit Schiffen oder zusammengebundenen Flößen befahren werden können, und zu deren Unterhaltung der Staat verpflichtet oder mitverpflichtet ist;
2. in den Altwassern, Gießen, Armen, Einbuchtungen und Gräben, so lange sie ihr Wasser aus den schiff- oder flößbaren Flüssen erhalten, zu jeder Zeit unbehindert mit Fischernachen durchfahren oder befahren werden können, und zu deren Unterhaltung der Staat verpflichtet oder mitverpflichtet ist.[1]

In den vorstehend bezeichneten Wasserläufen ist es Jedermann gestattet, unbeschadet der einschränkenden Vorschriften dieses Gesetzes, mit der schwimmenden, in der Hand gehaltenen Angel zu fischen.[2]

1. Der erste Absatz des § 1 handelt von der Fischereiberechtigung des Staates und giebt mit unwesentlichen, redaktionellen Aenderungen den Absatz 1 Artikel 1 des Gesetzes vom 15. April 1829 wieder.

Aus Ziffer 1 ergiebt sich, daß in Wasserläufen, welche nicht mit zusammengebundenen Flößen befahren werden, sondern nur zur Flößerei von Scheitholz dienen, (Trift, flottage à bûches perdues) das Fischereirecht nicht dem Staate, sondern den Ufereigenthümern (§ 3) zusteht. (Vgl. Dalloz, J. G., Pêche fluviale 15.)

In den in Ziffer 2 bezeichneten Altwassern, Gießen u. s. w. steht, wenn die daselbst angegebenen Voraussetzungen nicht vorhanden sind, das Fischereirecht den Ufereigenthümern zu; doch sind diese Gewässer den fischereipolizeilichen Bestimmungen insolange unterworfen, als dieselben mit dem Flusse derart in Verbindung stehen, daß ein Wechsel der Fische stattfinden kann. Besteht dagegen keinerlei Verbindung mit dem Flusse, so fallen sie unter den Begriff der in § 6 bezeichneten, in Privateigenthum stehenden Gewässer, und die fischereipolizeilichen Vorschriften finden, vorbehaltlich der Bestimmung in § 33, keine Anwendung. Vgl. Dalloz, J. G., Pêche fluv. 20. 21.

Das Fischereirecht steht in seinem vollen Umfange dem Staate auch dann zu, wenn auf Grund des § 27 des Wassergesetzes durch Verordnung des Statthalters Grundeigenthümer, sonstige Privatpersonen oder Körperschaften zu den Kosten der Unterhaltung der in § 1 bezeichneten Wasserläufe herangezogen werden.

2. Nach Absatz 2 soll die gemäß Art. 5 Absatz 3 des Gesetzes vom 15. April 1829 allgemein gestattete Fischerei mit der schwimmenden, in der Hand gehaltenen Angel vorbehaltlich einzelner, im Interesse einer wirthschaftlichen Fischereipflege nothwendigen Einschränkungen grundsätzlich beibehalten werden. Diese Einschränkungen bestehen im Wesentlichen in der Einführung der Angelkarte und hiermit in Verbindung in dem Ausschlusse von Kindern und von Personen, welche gewisse Bestrafungen erlitten haben, in der Festsetzung des Begriffs der schwimmenden, in der Hand gehaltenen Angel, endlich in dem Verbot der Ausübung dieser Art des Fischfanges während eines bestimmten Zeitraumes des Jahres.

Diese sogenannte freie Angelfischerei in den öffentlichen Gewässern hat zu den mannigfachsten Beschwerden der Berufsfischer (Fischereipächter) und Fischereivereine Anlaß gegeben und ist wiederholt Gegenstand der Erörterung auch in den Generalräthen und Bezirkstagen gewesen. Waren die Beschwerden der Berufsfischer vorwiegend auf die direkte Schädigung ihres Gewerbes gerichtet, so herrschte in den Bezirkstagen und Fischereivereinen der Gesichtspunkt vor, daß nicht sowohl durch den Fang der Fische selbst, als durch die Art der Ausübung und die massenhafte Zahl der Angler eine fortgesetzte Beunruhigung und Zerstörung des Fischlaiches und der Fischbrut stattfinde und dadurch eine Verminderung der Fischbevölkerung herbeigeführt werde. Den in letzterer Beziehung bestehenden Mißständen kann durch das absolute Verbot der freien Angelfischerei während eines bestimmten jährlichen Zeitraumes (einer vermittelten Laichzeit) wenigstens zum großen Theile begegnet werden. In ersterer Beziehung kann nur durch Feststellung des schwankenden Begriffes der schwimmenden, in der Hand gehaltenen Angel abgeholfen werden. Es erscheint gerechtfertigt, daß der Staat, welcher die Fischerei zu seinen Gunsten verpachtet, den Pächtern insoweit Schutz in ihrem Gewerbe gewährt, daß die freie Angelfischerei, welche nach allgemeiner Auffassung nicht vom Gesichtspunkte des Erwerbes, sondern von dem der Erholung und eines der Gesundheit förderlichen Vergnügens der Bevölkerung (in den Verhandlungen der Generalräthe wird jederzeit der Charakter des délassement betont) zu betrachten ist, nicht in gewerbsmäßige Fischerei ausarte. Reglementirungen der schwimmenden Angel wurden schon zu französischer Zeit auf dem Verordnungswege vorgenommen, aber die Frage der Zulässigkeit solcher Verordnungen war keineswegs eine unbestrittene. Während es im Kommissionsbericht zum Entwurf des Gesetzes von 1829 ausdrücklich heißt, „die Kommission habe es nicht für nöthig erachtet, eine Definition oder Beschreibung der schwimmenden, in der Hand gehaltenen Angel zu geben, da dies „du domaine des ordonnances du roi“ sei, spricht sich der Kommissionsbericht zum Fischereigesetze vom 31. Mai 1865 dahin aus, daß, weil das Gesetz von 1829 keinerlei Einschränkung der Angelfreiheit enthalte, solche Einschränkungen auch nicht auf dem Wege der Verordnung eingeführt werden könnten. Vgl. Dalloz, J. G. Pêche fluviale 96 und Rec. pér. 1865. IV. partie p. 40 No. 25. Die Verschiedenheit der Auffassung ist auch in der Rechtsprechung zum Ausdruck gelangt. Durch die nunmehrige Fassung des Absatzes 2 im Zusammenhalt mit § 31 Ziffer 1 und 5 sind diese Zweifel beseitigt; auch bieten diese Bestimmungen die Möglichkeit, die freie Angelfischerei mit den Interessen der Fischereipächter und einer wirthschaftlichen Fischereipflege in Einklang zu bringen. In Preußen, woselbst im Gebiete des französischen Rechts die freie Angelfischerei in den öffentlichen Gewässern auf Grund des Gesetzes vom 14. floréal X und des arrêté vom 17. nivose XII bestand, ist dieselbe durch das Gesetz vom 30. März 1880, betreffend die Abänderung des Fischereigesetzes vom 30. Mai 1874, aufgehoben worden. (Vgl. Erläuterungen zu §§ 21, 23, 24 und 31 und zu Art. 18 der Verordnung betr. die Fischerei, S. 40, 43, 44, 54, 83.)

§ 2.

In Kanälen und Gräben, welche auf Privateigenthum angelegt sind und auf Kosten der Eigenthümer unterhalten werden,[1] steht die Fischerei den Eigenthümern zu.[2] [3]

1. Unter den Begriff der „Kanäle und Gräben“ fallen namentlich die zum Betriebe der Mühlen und sonstigen Triebwerke dienenden künstlich hergestellten Wasserrinnen.

2. Ein allgemeiner Rechtssatz, wonach den Eigenthümern des künstlich hergestellten Kanalbettes auch das Fischereirecht zustehe, besteht

nicht. Aus dem Eigenthum an diesem Bette kann nicht ohne Weiteres auch das Eigenthum an dem dasselbe durchfließenden Wasser abgeleitet werden. An dieser Wasserwelle steht dem Eigenthümer des Bettes an und für sich nur ein Benutzungsrecht zu, welches das Recht der Occupation der im Wasser befindlichen Fische nicht in sich schließt. Die Frage ist in den einzelnen Partikularrechten verschieden gelöst. Während die einen das Fischereirecht der Müller und Triebwerksbesitzer in den von ihnen hergestellten Gräben verneinen, räumen es andere ausdrücklich ein. Letzterem Grundsatze folgt auch, und zwar in Anlehnung an das bestehende Recht, der § 2 des Gesetzes.

Vom Standpunkte einer rationellen Fischwirthschaft ist die Aufrechterhaltung des Fischereirechts der Besitzer von Gräben und Kanälen nicht zu begrüßen; die Verarmung einer Anzahl von Gewässern an Fischen wird mit Recht vielfach der rücksichtslosen Ausbeutung der Kanalfischereirechte zugeschrieben. Im Großherzogthum Baden ist das nach dem Gesetz vom 29. März 1852 den Eigenthümern vorbehaltene Fischereirecht in Kanälen und Gewerbswassern durch die Novelle vom 29. März 1890 gegen Entschädigung entzogen und den Gemarkungsgemeinden übertragen worden.

3. Es ist selbstverständlich, daß die in § 2 bezeichneten Wasserläufe den fischereipolizeilichen Bestimmungen unterliegen; eine Sonderstellung gegenüber den sonstigen nicht schiff- oder flößbaren Wasserläufen (§ 3) nehmen sie nur insofern ein, als die Fischereiberechtigten in denselben nach § 16 Abs. 2 nicht zum Beitritt zu einer Fischereigenossenschaft gezwungen werden können.

§ 3.

In allen anderen als den in den §§ 1 und 2 bezeichneten Wasserläufen steht die Fischerei den Ufereigenthümern zu[1] und zwar jedem auf seiner Seite bis zur Mitte des Wasserlaufs,[2] jedoch mit Vorbehalt der entgegenstehenden auf Besitz oder Titel[3] beruhenden Rechte.

1. Das Fischereirecht der Ufereigenthümer mußte trotz der schwerwiegenden, dagegen sprechenden Bedenken beibehalten werden. Vorschläge, welche, dem Beispiele anderer Staaten folgend, auf Enteignung des Fischereirechtes der Ufereigenthümer zu Gunsten der Gemeinden oder wenigstens auf Ausübung des Rechtes durch die Gemeinden auf Rechnung der Berechtigten abzielten, konnten gegenüber der herrschenden öffentlichen Meinung nicht verwirklicht werden. Vergl. Sitzungsberichte Seite 558, 559. Der § 3 giebt sonach die Bestimmung in Art. 2 des Gesetzes vom 15. April 1829 wieder.

2. Die Grenzlinie für die Fischereiberechtigung der beiderseitigen Ufereigenthümer bildet die Mitte des Wasserlaufes, nicht des Flußbettes, da ja thatsächlich die Fischerei nur im Wasser ausgeübt werden kann. Verlegt sich daher der Wasserlauf innerhalb des Bettes, weicht

er von der einen Uferseite zurück, um sich auf die andere zu werfen, so folgt die Fischereiberechtigung dieser Verlegung. Vgl. Dalloz, J. G. Pêche fluviale 52.

3. In Folge des Vorbehaltes am Schlusse des Paragraphen sind die Ufereigenthümer rücksichtlich des Fischereirechts auf den Boden des gemeinen Rechts gestellt. Dasselbe kann daher Gegenstand besonderer Vereinbarung unter den Ufereigenthümern werden und es steht nichts im Wege, daß auf diese Weise das Fischereirecht auf der ganzen Breite des Wasserlaufes einem Ufereigenthümer oder noch einem Dritten zusteht. Eine gleiche Rechtslage kann auch durch Ersitzung geschaffen werden. Vgl. Dalloz, J. G. Pêche fluviale 49. 50.

§. 4.

Die Bestimmung darüber, welche Wasserläufe und Theile von Wasserläufen zu den in § 1 bezeichneten gehören, erfolgt durch Kaiserliche Verordnung auf Grund eines Vorverfahrens.[1 2]

Werden in Zukunft Wasserläufe schiff- oder flößbar gemacht oder erklärt, so haben die Eigenthümer, welchen hierdurch die Fischerei entzogen wird, Anspruch auf Entschädigung seitens des Staates.[3 4]

Vortheile, welche dem Eigenthümer durch die von der Regierung angeordneten Maßregeln erwachsen, sind auf die Entschädigung in Anrechnung zu bringen.

1. Die Bezeichnung der Wasserläufe, welche als schiff- oder flößbar anzusehen sind, ist durch die Verordnung vom 28. September 1885, Reichs-Gesetzblatt S. 273, dem Statthalter übertragen.

2. Bisher ist eine solche neue Verordnung nicht erschienen. Zur Zeit gehören demnach zu den in § 1 bezeichneten Wasserläufen, die bereits früher als schiff- und flößbar erklärten, nämlich:

a) Zufolge Ordonnanz vom 10. Juli 1835 betreffend die Flußfischerei: Die Ill von Colmar abwärts, der Rhein, die Mosel, die Saar, die Rothe Saar von Alberschweiler, und die Weiße Saar von 2900 Meter oberhalb Hermelingen abwärts. (Die gleichfalls dort aufgeführte Strecke der Moder von Stallmatten ab, wurde durch Verordnung vom 26. September 1877, Gesetzblatt S. 64, von dem Verzeichniß gestrichen.)

b) Zufolge Verordnung vom 30. Oktober 1891, Gesetzblatt S. 124, das Bennwasser und seine Verzweigungen.

3. Die Bestimmung über die Einräumung eines Entschädigungsanspruchs für den mit der Schiff- oder Flößbarkeitserklärung verbundenen Verlust des Fischereirechts ist aus dem bisherigen Gesetze übernommen. (Art. 3 Absatz 3, Gesetz vom 15. April 1829.) Die Frage, ob ein solcher

Anspruch überhaupt begründet ist, könnte zweifelhaft erscheinen und wurde schon anläßlich der Berathung des Gesetzes vom 15. April 1829 erörtert. In dem Entwurf zu diesem Gesetze war eine Entschädigung nicht vorgesehen, sie wurde vielmehr erst anläßlich einer Petition in der Pairskammer eingefügt. Der Entwurf ging von der Annahme aus, daß der Vortheil, an einem schiffbaren Wasserlauf zu liegen, den Verlust des Fischereirechts ausgleiche. Da diese Annahme sich nicht in allen Fällen als zutreffend erweisen wird, ist die Bestimmung im neuen Gesetze beibehalten worden. (Vgl. Vorlage Nr. 8, S. 21.)

4. Die Frage, ob der Staat in Wasserläufen, welche für schiff- und flößbar erklärt werden, die Fischerei an Dritte, z. B. an die bisher berechtigten Ufereigenthümer überlassen kann, ist unentschieden. Während aus dem Wortlaut des § 1: „die Fischerei steht — zu“ die Verneinung der Frage gefolgert werden kann, lassen sich aus dem Wortlaut des § 4: Eigenthümer, „welchen hierdurch die Fischerei entzogen wird“ und aus § 18 des Wassergesetzes: zum Zwecke der Benutzung für . . . „die vom Staate vergebene Fischerei“ Gründe für die entgegengesetzte Ansicht ableiten. Vgl. auch Jacob u. Fecht, Wassergesetz. S. 49. Anm. 3 zu § 18.

§ 5.

Der Anspruch auf Entschädigung erlischt, wenn er nicht binnen 3 Monaten nach der behaupteten Schadenszufügung bei dem Bezirkspräsidenten schriftlich oder zu Protokoll angemeldet worden ist.

In Ermangelung gütlicher Einigung befindet der Bezirkspräsident über den Grund und Betrag der Entschädigung nach Anhörung des Vertreters der Wasserbauverwaltung, sowie zweier vom Bürgermeister der Gemeinde, auf deren Gebiet die Grundstücke liegen, zu bezeichnenden Gemeinderäthe, und nachdem dem Beschädigten Gelegenheit zur Aeußerung gegeben worden ist.

Gegen den Beschluß des Bezirkspräsidenten steht der Rechtsweg offen. Die Klage muß bei Vermeidung des Ausschlusses des Rechtswegs binnen drei Monaten nach Behändigung des die Entschädigung regelnden Beschlusses bei dem Gerichte der belegenen Sache erhoben werden.

Der Bezirkspräsident vertritt die Landesverwaltung.

Nach dem Gesetz vom 15. April 1829 Art. 3 Abs. 3 soll die Entschädigung nach Maßgabe des Art. 16, 17 und 18 des Gesetzes vom 18. März 1810, an deren Stelle die Bestimmungen des Gesetzes vom 3. Mai 1841 getreten sind, geregelt werden. Die Formen des Enteignungsgesetzes sind umständlich und schwerfällig und stehen nicht im Verhältniß zu den geringfügigen Beträgen, um deren Ermittelung es sich in der Regel handelt. Sieht man von der Anwendung des Enteignungsgesetzes ab, so kann die Feststellung der Entschädigung entweder durch Beschluß der Verwaltungsbehörde vorbehaltlich des Rechtswegs, oder auf dem Wege verwaltungsgerichtlichen Verfahrens in Frage kommen. Das Gesetz hat den ersteren Weg eingeschlagen und sich rücksichtlich des Verfahrens den Bestimmungen des Gesetzes vom 21. November 1875, betreffend die Errichtung von Marksteinen, angeschlossen. Vgl. Vorlage Nr. 8, S. 21.

§ 6.

Auf die in Privateigenthum stehenden Gewässer, welchen es an einer für den Wechsel der Fische geeigneten Verbindung mit anderen natürlichen Gewässern fehlt (Fischteiche, Fischbehälter u. s. w.), finden vorbehaltlich der Bestimmungen des § 33, die Vorschriften dieses Gesetzes keine Anwendung.

Die im vorstehenden Paragraphen bezeichneten Wasserläufe, in welchen die Fische gleich dem Wasser Zubehör des Grundstückes bilden, sind nicht Gegenstand der Fischerei im eigentlichen Sinne des Wortes. Während die in den sonstigen Wässerläufen hin und her wechselnden Fische an und für sich herrenlos sind und erst durch Okkupation in das Eigenthum des Fischers gelangen, gehören die Fische in geschlossenen Gewässern den Eigenthümern derselben schon in Folge der Thatsache, daß sie sich in diesen Gewässern befinden. Ein Bedürfniß, diese geschlossenen Gewässer den fischereipolizeilichen Bestimmungen allgemein zu unterwerfen, liegt nicht vor; die Rücksichtnahme auf das Eigenthumsrecht erheischt vielmehr, daß polizeiliche Beschränkungen nicht weiter auferlegt werden, als dies das öffentliche Interesse unbedingt erfordert.

Die Wirkung der Bestimmung des § 6 zeigt sich unter anderem darin, daß solche geschlossene Gewässer nicht zu einer Fischereigenossenschaft herangezogen werden können, daß die Art der Ausübung der Fischerei vollständig in das Belieben des Eigenthümers gestellt ist, daß derselbe auch Fanggeräthe und Fangmethoden anwenden kann, welche das Gesetz verbietet, daß er an die Bestimmungen über die Schonzeiten nicht gebunden ist, daß er endlich zur Ausübung der Fischerei in diesen Gewässern einer Fischerkarte nicht bedarf. Eine Einschränkung in ihrem Verfügungsrechte aber erleiden die Eigenthümer nur insofern, als ihnen mit Rücksicht auf den Grundsatz des absoluten Markt- und Verkehrsverbotes während der Schonzeiten der Verkauf, das Umhertragen zum Zweck des Verkaufs u. s. w. der Fische vorbehaltlich gewisser Ausnahmen untersagt sein soll. Vgl. § 33 S. 56. Ob ein Gewässer zu den in § 6 bezeichneten gehört, ist im einzelnen Falle durch den Richter zu entscheiden.

Vgl. Dalloz, J. G. Pêche fluviale. 147—149, 238 und Rec. pér. 1865. IV partie p. 42. 1. Code civil art. 524, 564, v. Stengel, Wörterbuch des deutschen Verwaltungsrechts, S. 409.

§. 7.

Zu dem Fischfange im Sinne dieses Gesetzes gehört auch der Fang von Krebsen[1] und anderen nutzbaren Wasserthieren,[2] soweit sie nicht Gegenstand des Jagdrechts sind.

Welche Wasserthiere hierzu zu rechnen sind, bestimmt das Ministerium.[3 4]

Wo in diesem Gesetze der Ausdruck „Fische" gebraucht ist, sind die vorbezeichneten Thiere inbegriffen.

1. Die Krebse fallen ohne Weiteres unter den Begriff des Fischereirechtes und sind in fast allen Fischereigesetzgebungen den Fischen gleichgestellt.

2. Nicht so verhält es sich mit anderen nutzbaren Wasserthieren, wie Fröschen, Muscheln, Perlmuscheln und Austern. Für Elsaß-Lothringen kommen nur die Frösche in Betracht. In Frankreich wurde durch Dekret vom 10. August 1875 die Zulässigkeit einer Schonzeit für die Frösche ausgesprochen, und zwar, wie es im Cirkular des Ministers der öffentlichen Arbeiten vom 10. Oktober 1875 heißt, „auf Wunsch mehrerer Generalräthe solcher Departements, in welchen die Frösche ein gesuchtes Nahrungsmittel sind", sohin zur Schonung der Fortpflanzung. Eine Schonzeit für die Frösche kann sich aber auch von dem Gesichtspunkt empfehlen, daß durch die Ausübung des Froschfanges zur Laichzeit gewisser Fischgattungen die letzteren in ihrer Fortpflanzung gestört werden, besonders wenn der Fang mit Rechen und ähnlichen Werkzeugen ausgeübt wird. Unter Hervorhebung dieser beiden Gesichtspunkte wurde gelegentlich der ersten und zweiten Lesung des Gesetzentwurfs im Landesausschusse von einem Mitgliede die Gleichstellung der Frösche mit den Fischen empfohlen und vom Regierungstisch die thunlichste Berücksichtigung des Wunsches zugesagt. Die bisherige Verordnung, betreffend die Fischereipolizei, vom 12. Februar 1883, hatte den Bezirkspräsidenten die Befugniß eingeräumt, den Froschfang in bestimmten Zeiträumen zu verbieten. (§ 2, Ziffer 4.) Vgl. Sitzungsbericht S. 75, 76, 79 und 546. Vgl. auch Anmerkung zu Art. 9 der Verordnung betr. die Fischerei (S. 78).

3. Vgl. Art. 1 der Verordnung, betr. die Fischerei (S. 74).

4. Wasserthiere, welche Gegenstand des Jagdrechts sind, können niemals Gegenstand des Fischereirechts sein.

§ 8.

Dem Fischereiberechtigten ist gestattet, ohne Rücksicht auf jagdpolizeiliche Bestimmungen die dem Fischbestande schädlichen

Thiere, welche sich an oder in ihren Fischwassern aufhalten, ohne Anwendung von Schußwaffen zu fangen oder zu erlegen und für sich zu behalten.[1,2]

Welche Thiere als dem Fischbestand schädlich zu erachten sind, bestimmt das Ministerium.[3,4]

1. In der Begründung zu dem § 8 findet sich Folgendes ausgeführt:

„Ohne Rücksicht auf die jagdpolizeilichen Bestimmungen soll den Fischereiberechtigten das Recht eingeräumt sein, gewisse dem Fischbestande schädlichen Thiere ohne Anwendung von Schußwaffen zu erlegen. Gleichartige Bestimmungen enthält das Preußische Fischereigesetz vom 30. Mai 1874 (§ 45), das Sächsische vom 15. Oktober 1868 (§ 12), das Badische vom 3. März 1870 (Artikel 7), das Württembergische vom 27. November 1865 (Artikel 10), das Hessische vom 27. April 1881 (Artikel 51).

Es ist zu bemerken, daß das Reichsgesetz vom 22. März 1888, betreffend den Schutz von Vögeln, im § 5 Bestimmungen über Tödtung von Vögeln zum Schutze der Fischerei ausdrücklich der landesgesetzlichen Regelung vorbehält. Da die Anschauungen über die Schädlichkeit der einzelnen Thiergattungen für die Fischerei je nach dem Ergebnisse der naturwissenschaftlichen Forschungen wechseln, ist von einer Einzelaufzählung der schädlichen Thiere abgesehen und nach Analogie des Jagdpolizeigesetzes das Verordnungsrecht des Ministeriums vorbehalten worden."

Vgl. Vorlage Nr. 8 S. 21.

2. Der § 8 räumt die nach § 2 des Jagdpolizeigesetzes den Eigenthümern, Besitzern oder Pächtern zustehende Befugniß, auf ihren Ländereien schädliches Wild vertilgen zu dürfen, rücksichtlich der dem Fischbestand schädlichen Thiere, welche vom Ministerium als solche bezeichnet sind, den Fischereiberechtigten mit der Maßgabe ein, daß dieselben diese Thiere nicht nur fangen und erlegen, sondern auch für sich behalten dürfen. Den Fischereiberechtigten die Ablieferung der erlegten Thiere zur Pflicht zu machen, würde unbillig erscheinen, da dieselben der in Rede stehenden Thiere meist nur unter großem Aufwand von Zeit, Mühe und Kosten habhaft zu werden vermögen. Die Anwendung von Schußwoffen ist aus Gründen der Jagdpolizei ausgeschlossen. Eine solche könnte jedoch dann in Frage kommen, wenn der Fischereiberechtigte zugleich Eigenthümer, Besitzer oder Pächter ist, und demselben auf Grund des § 6 Verordnung vom 16. Juli 1890, betreffend das schädliche Wild, die Anwendung von Schußwaffen zum Zwecke der Vertilgung gestattet würde.

3. Als dem Fischbestand schädliche Thiere sind in Preußen die Fischottern und Taucher, in Hessen Fischottern, Taucher, Fischreiher, Fischaare, Rohrreiher und Eisvögel, in Baden Fischottern, Fischreiher und „andere schädliche Thiere" bezeichnet. In Bayern ist die Auf-

nahme einer gleichartigen Bestimmung in die Landesfischerei-Ordnung an dem aus Jagdkreisen erhobenen Widerstand gescheitert. Eine Resolution des Bayerischen Fischereivereins, „es möge im Wege gesetzlicher Specialbestimmung den Fischereiberechtigten gestattet werden, Fischottern, Reiher, Kormorane, Fischaare, Taucher und Eisvögel ohne Anwendung von Schußwaffen zu tödten oder zu fangen“, hatte keinen Erfolg.

Für Elsaß-Lothringen vgl. Art. 2 der Verordn. betr. die Fischerei (S. 75).

4. Der Elsässische Fischereiverein in Straßburg sowie der Lothringische in Metz entwickeln im Zusammenwirken mit den Verwaltungsbehörden durch Gewährung von Prämien eine rege und erfolgreiche Thätigkeit in der Vertilgung namentlich der Fischreiher und Fischottern. Seit Gründung der Vereine werden in Elsaß-Lothringen durchschnittlich jährlich etwa 170 vertilgte Ottern und ungefähr eine gleiche Anzahl vertilgter Reiher nachgewiesen.

Ueber die Art der Prämiirung vgl. Bekanntmachung des Bezirkspräsidenten von Lothringen vom 26. März 1888 (Central- und Bezirksamtsblatt Seite 81), des Bezirkspräsidenten von Unter-Elsaß vom 5. Juli 1888. (Central- und Bezirksblatt S. 164) und des Bezirkspräsidenten von Ober-Elsaß vom 22. Mai 1891 (Central- und Bezirksamtsblatt A S. 93.)

Zweiter Abschnitt.

Ausübung und Beaufsichtigung der Fischerei.

§ 9.

Die dem Staate in den in § 1 bezeichneten Gewässern zustehende Fischerei wird verpachtet. Die Verpachtung soll in der Regel auf dem Wege öffentlicher Versteigerung vorgenommen werden.[1] Die Verpachtung ist für jeden Zeitraum, jedoch nicht über 12 Jahre zulässig.[2 3 4]

1. Der § 9 handelt wesentlich im Anschluß an das bisherige Recht (Artikel 10—13 des Gesetzes vom 15. April 1829) von der Art der Ausübung der dem Staate zustehenden Fischerei, beschränkt sich jedoch darauf, den Grundsatz auszusprechen, daß die Fischerei verpachtet und daß die Verpachtung *in der Regel* auf dem Wege der öffentlichen Versteigerung vorgenommen werden solle. Hiernach erscheint *ausnahmsweise* auch die Vergebung der Fischerei auf dem bisher üblichen Wege der Ertheilung von Licenzen gegen Entgelt zulässig und wird zu dieser Art der Vergebung namentlich in denjenigen Fällen zu schreiten sein, in welchen die öffentliche Versteigerung ergebnißlos war. Vgl. Art. 1 der Ausführungsverordnung (S. 86).

2. Das Gesetz vom 11. Februar 1791 hatte für Verpachtungen durch den Staat, die Gemeinde u. s. w. eine Maximaldauer von neun Jahren

vorgeschrieben. Nach dem Entwurfe des Gesetzes sollte jede zeitliche Beschränkung fortfallen, auf Antrag der mit der Berathung des Entwurfes betrauten Kommission jedoch wurde in dem Paragraphen die Beschränkung der Pachtdauer auf zwölf Jahre aufgenommen.

3. Eine Reihe von Bestimmungen des Gesetzes vom 15. April 1829 über die Verpachtungen ist in das neue Gesetz nicht übergegangen, da dieselben zweckmäßiger Weise auf die Versteigerungsbedingungen und den Weg der Instruktion zu verweisen sind. Es gilt dies namentlich von den Vorschriften über gewisse Förmlichkeiten, die Fristen für Bekanntmachungen, die Befugnisse und Obliegenheiten der die Verhandlungen leitenden Beamten, die Stellung von Bürgschaften, die Ertheilung des Zuschlags u. a. m.

4. Wegen der allgemeinen Pachtbedingungen vgl. S. 134 ff.

§ 10.

An den Verpachtungen dürfen sich, weder in eigener Person, noch durch Zwischenpersonen, als Hauptsteigerer, Theilhaber oder Bürgen betheiligen:

1. die Beamten der Wasser- und Meliorationsbauverwaltung und die Fischereiaufseher im ganzen Umfange des Landes; die Beamten, welche bei der Verpachtung mitzuwirken haben, sowie die Einnehmer der Fischereipachtgelder in der ganzen Ausdehnung ihres Amtsbezirks;[1]
2. diejenigen, welche mit einem Fischereiaufseher in gerader Linie verwandt, verschwägert oder durch Adoption verbunden oder in der Seitenlinie bis zum dritten Grade verwandt oder bis zum zweiten Grade verschwägert sind, auch wenn die Ehe, durch welche die Schwägerschaft begründet ist, nicht mehr besteht, in der ganzen Ausdehnung des Amtsbezirks des Fischereiaufsehers.[2]

1. Der Kreis der von den Verpachtungen ausgeschlossenen Personen ist, namentlich hinsichtlich der Beamten, enger gezogen, als dies nach dem Gesetze vom 15. April 1829 der Fall war. Die Ausschließung gewisser Beamtenkategorien hat theils den Zweck, die Beamten zu verhindern, ihre Stellung zur Erlangung von Privatvortheilen zu mißbrauchen, theils auch die Absicht, eine Collision zwischen ihrer Amtspflicht und ihrem Privatinteresse zu verhüten (vgl. Dalloz, J. G. Pêche fluviale 70. Forêts 1079, 1086). Durchschlagend erscheinen diese Erwägungen nur bei den bei Vornahme der Verpachtungen und

der Einziehung der Gelder betheiligten Beamten, bei den Wasserbaubeamten, den Beamten der Meliorationsbauverwaltung und den Fischereiaufsichtsorganen.

2. Um Uebereinstimmung mit den Justizgesetzen zu schaffen, sind die Bestimmungen über die durch Verwandschaft oder Schwägerschaft mit einem Fischereiaufseher bedingten Ausschließungsgründe nach Analogie der §§ 51 Ziff. 3 der St.-P.-O. und 348 Ziff. 3 der C.P.-O. gefaßt.

§ 11.

Die Streitigkeiten, welche zwischen der Verwaltung und den Fischereipächtern über die Auslegung und Erfüllung der Bedingungen der Verpachtung, sowie alle Streitigkeiten, welche zwischen der Verwaltung und dritten Betheiligten bezüglich ihrer Rechte und ihres Eigenthums entstehen, gehören zur Zuständigkeit der Gerichte.

Der Paragraph giebt den Artikel 4 des Gesetzes vom 15. April 1829 wieder. Die Bestimmung enthielt bei Erlaß des Gesetzes vom 15. April 1829 insofern eine bemerkenswerthe Neuerung, als sie die nach dem Grundsatze der Trennung der Gewalten der Verwaltungsbehörden vorbehaltene Befugniß der Auslegung der von ihr abgeschlossenen Verträge dieser entzog und den Gerichten übertrug. Nach deutscher Rechtsauffassung, und insbesondere angesichts der Bestimmung in § 4 des Einführungsgesetzes zur C.-P.-O. vom 30. Januar 1877, würde auch ohne die Bestimmung des § 11 ein Zweifel über die Zuständigkeit der Gerichte kaum obwalten können.

§ 12.

[1] Die Fischereipächter und Fischer dürfen an den im § 1 bezeichneten schiffbaren Wasserläufen nur den Leinpfad und an den flößbaren Wasserläufen nur den Flößpfad[2] benutzen. Sie haben sich mit den Ufereigenthümern über die Benutzung der Grundstücke, deren sie zum Ziehen und Trocknen ihrer Netze bedürfen, zu verständigen.[3 4 5]

1. Der § 12 entspricht sachlich dem Art. 35 des Gesetzes vom 15. April 1829. Derselbe findet zweckmäßig seine Stelle im Anschlusse an die sonstigen Bestimmungen über die Ausübung der Fischerei in den staatlichen Gewässern.

2. Flößpfad ist eine andere Bezeichnung für den Leinpfad an den Ufern, auf welchen ein Schiffszug nicht stattfindet.

3. Den Fischern steht die Benutzung der Leinpfade und Flößpfade zum Zwecke der Ausübung der Fischerei zu und zwar innerhalb der-

selben Grenzen und Beschränkungen, wie zum Zwecke des Schiffszugs und des Flößens. Die Fischer sind hiernach nicht befugt, auf den Leinpfaden dauernde Vorrichtungen anzubringen, z. B. Pfähle einzuschlagen, ihre Netze darauf zum Trocknen auszuhängen u. dgl. m. Auch ist das Benutzungsrecht auf dem Leinpfad beschränkt. Bedürfen sie zur Ausübung der Fischerei angrenzende Grundstücke, so haben sie sich hiewegen mit den Eigenthümern zu verständigen. Vgl. Talloz, J. G. Pêche fluviale 163 und 164.

4. Durch das Wassergesetz sind die bisher geltenden Bestimmungen über die Lein- und Flößpfade aufgehoben. Dieses Gesetz bestimmt in § 18, daß die Verwaltungsbehörde zum Zwecke der Benutzung für die vom Staate vergebene Fischerei und die Aufsicht hierüber die Freihaltung eines Raumes für den Verkehr (Leinpfad) verlangen kann. Es setzt die Breiten der Leinpfade nicht ein für allemal fest, überträgt vielmehr die Befugniß der Festsetzung unter Bestimmung gewisser Maximalbreiten (3,25 m und wo Schiffszug stattfindet, 7,80 m) der Verwaltungsbehörde. Vgl. Vorschriften betr. die Leinpfade vom 1. März 1892 (Central- und Bezirksamtsblatt A S. 112), u. Art. 2 der Ausführungs-Verordnung S. 86, vgl. ferner: Jacob u. Fecht, Wassergesetz, § 18 Anm. 3 S. 49.

5. Wegen des Uferbetretungsrechts bei nicht schiff- und flößbaren Wasserläufen, in denen die Fischerei einer Genossenschaft zusteht: vgl. § 16 Abs. 3 S. 32.

§ 13.

Gemeinden und öffentliche Anstalten können die ihnen zustehende Fischerei, soferne sie nicht einer Genossenschaft (§§ 14, 15) angeschlossen sind, nur durch besonders anzustellende Fischer, durch Verpachtung oder durch Ertheilung von Erlaubnißscheinen gegen Entgelt (Licenzen) nutzen. Das Freigeben des Fischfanges ist verboten.[1]

Die Dauer der Pachtverträge darf in der Regel nicht unter 9 Jahren bestimmt werden; Ausnahmen können unter besonderen Umständen von der Aufsichtsbehörde zugelassen werden.[2 3 4]

1. Gemeinden und öffentlichen Anstalten steht die Fischereiberechtigung in vielen Fällen, insbesondere bei Waldbesitz, in einem Umfange zu, daß deren Ausübung selbstständig d. h. ohne Anschluß an eine Genossenschaft wirthschaftlich gerechtfertigt erscheint. Liegt diese Voraussetzung vor, so soll die Fischerei entweder in Regie, oder auf dem Wege der Verpachtung oder durch Ertheilung von Erlaubnißscheinen gegen Entgelt (Licenzen) ausgeübt werden. Die Ordonnanz von 1669 (tit. 25 art. 17) enthielt eine Bestimmung, daß die Fischerei der Gemeinden ver-

pachtet werden müsse. Das Gesetz vom 15. April 1829, sowie die Gemeindegesetzgebung enthalten ausdrückliche Bestimmungen über die Nutzung des Fischereirechtes der Gemeinden nicht. Dagegen ergiebt sich aus der Natur der Sache, daß ein der Gemeinde zustehendes Recht zu Gunsten der Gemeinde verwerthet werden muß und nicht willkürlich der freien Ausbeutung durch Mitglieder der Gemeinde oder sonstige Personen überlassen werden kann. Die in manchen Kreisen verbreitete Auffassung, als stehe es jedem Gemeindebürger frei, in gemeindlichen Fischwassern zu fischen, widerlegte sich schon durch den Wortlaut des Art. 3 in Zusammenhalt mit Art. 5 des Gesetzes vom 15. April 1829. Immerhin erschien es, insbesondere derartigen irrigen und vielfach verbreiteten Auffassungen gegenüber zweckmäßig, die Bestimmung des § 13 in das Gesetz aufzunehmen. Vgl. Dalloz, J. G. Pêche fluviale 87. Sitzungsberichte S. 560.

2. Um eine wirthschaftliche und schonende Ausbeutung der Fischerei zu ermöglichen, ist für die Pachtverträge als Regel die Mindestdauer von 9 Jahren festgesetzt worden.

3. Aufsichtsbehörde ist nach Art. 21 der Verordnung betr. die Fischerei (S. 85) der zuständige Meliorationsbauinspektor. Da die Verpachtungen an sich der Genehmigung des Kreisdirektors unterliegen, so hat der Kreisdirektor bei Pachtverträgen auf weniger als 9 Jahre vor der Genehmigung die Zustimmung des Meliorationsbauinspektors einzuholen.

4. Bisher war es in manchen Gemeinden üblich, daß die den Ufereigenthümern zustehende Fischerei mit deren Zustimmung gemeinschaftlich durch die Gemeindeorgane verpachtet wurde, und daß der Erlös dann in die Gemeindekasse floß. Diese Art der Verpachtung muß als unzulässig bezeichnet werden, da es nicht Aufgabe der Behörde ist, Verpachtungen für Privatpersonen vorzunehmen, selbst wenn der etwaige Erlös in die öffentliche Kasse fließt. Dem Bedürfniß, das durch diese Art der Verpachtung bisher befriedigt wurde, wird in Zukunft am ehesten durch Bildung von Genossenschaften nach den Bestimmungen des § 15 des Gesetzes entgegengekommen werden.

§ 14.

[1] Behufs gemeinschaftlicher Bewirthschaftung und Nutzung der Fischerei und behufs geregelter Aufsichtsführung und gemeinschaftlicher Maßregeln zum Schutze des Fischbestandes können die Berechtigten eines zusammenhängenden Fischereigebietes unabhängig von den Grenzen der Gemarkung nach Maßgabe der Gesetze vom 21. Juni 1865, betreffend die Syndikats-Genossenschaften, und 11. Mai 1877, betreffend die Abänderung der Gesetzgebung hinsichtlich des Wasserrechts,

zu freien oder autorisirten Genossenschaften zusammentreten oder vereinigt werden.[2]

Die Vereinigung zu einer autorisirten Genossenschaft kann ausgesprochen werden, wenn die Ufereigenthümer von mindestens zwei Drittheilen[3] der Länge der zum genossenschaftlichen Fischereigebiet gehörigen Wasserläufe, die beiderseitigen Uferlängen zusammengerechnet, ihre Zustimmung gegeben haben.

Das Ministerium kann das Verfahren, welches der Ertheilung der Ermächtigung vorauszugehen hat (Art. 10 des Gesetzes vom 21. Juni 1865), anderweit regeln."[4,5]

1. Der § 14 enthält eine der wichtigsten Neuerungen des Gesetzes. Der allgemeine Theil der Begründung sagt über die genossenschaftliche Regelung des Fischereirechts der Ufereigenthümer Folgendes:

„Bezüglich der sogenannten Adjacentenfischerei ist bereits oben ausgesprochen, daß eine wirthschaftliche Nutzung der Fischerei, die Jemanden bis zur Mitte des Wasserlaufes und in der Regel nur auf kurze Strecken zusteht, unmöglich ist: widerspricht sie doch dem ersten Grundsatze öffentlich-fischereiwirthschaftlichen Interesses, daß auf einer Wasserstrecke möglichst wenige Fischereiberechtigte konkurriren. Die Beseitigung dieser Art der Fischerei ist in anderen Staaten auf legislatorischem Wege in verschiedenen Formen angestrebt worden, durch einfache Aufhebung, durch Ablösung, endlich durch Einführung von freiwilligen oder Zwangs-Genossenschaften.

Der Gesetzentwurf hat den letzten Weg eingeschlagen, obgleich es nahe gelegen hätte, ganz nach Analogie des Jagdgesetzes zu verfahren oder wenigstens die Berechtigung der Ausübung an ein bestimmtes größeres Maß Uferbesitzes zu knüpfen. Abgesehen jedoch von der Aufnahme, welche die Regelung der Ausübung des Jagdrechts in einzelnen Kreisen gefunden hat, liegt eine vollständige Analogie zwischen Fischerei und Jagd insoferne nicht vor, als das Jagdrecht, welches dem Besitzer des einzelnen Grundstückes zusteht, bei der Natur der jagdbaren Thiere in der That ein nahezu illusorisches ist, während der Besitzer auch einer kurzen Uferstrecke der an das Wasser gefesselten und in demselben auf- und abwärtsziehenden Fische immerhin habhaft werden kann. Thatsächlich wurde allerdings von dieser Berechtigung im Allgemeinen von den Berechtigten selbst nicht viel Gebrauch gemacht, in vielen Theilen des Landes war der Begriff dieses Rechtes so zu sagen abhandengekommen und war, wie zahlreiche Verfolgungen auf Grund des § 370 Ziff. 4 des St.-G.-B. beweisen, die Annahme verbreitet, als sei das Fischen in nicht zum Staatsgut gehörigen Wasserläufen Jedermann freigegeben. In anderen Gegenden übten einzelne Liebhaber die Fischerei aus, nachdem sie sich schriftlich oder mündlich der Zustimmung der Ufereigenthümer versichert hatten. Bei solchen Verhältnissen ist die Annahme gerechtfertigt, daß die Bildung von Genossenschaften nicht auf Widerstand stoßen, vielmehr, wenn nach Gründung einzelner Genossenschaften und wirthschaftlicher Handhabung der Fischerei sich Erträgnisse herausstellen, die Einrichtung bald weitere Verbreitung finden wird.

Während in den Fischereigesetzen anderer Staaten (Preußen, Baden, Hessen) die Errichtung von Fischereigenossenschaften durch besondere gesetzliche Bestimmungen geregelt ist, wird für Elsaß-Lothringen die Bildung der Fischereigenossenschaften am zweckmäßigsten in Anlehnung an das Gesetz vom 21. Juni 1865, betreffend die Syndikatsgenossenschaften, und das Gesetz vom 11. Mai 1877, betreffend Abänderung der Gesetzgebung hinsichtlich des Wasserrechts, zu erfolgen haben."

Vgl. Vorlage Nr. 8, S. 16.

2. Aus der Begründung zu § 14 selbst ist Folgendes hervorzuheben:

„Bei der Bildung von Fischereigenossenschaften finden die Bestimmungen des Gesetzes vom 21. Juni 1865 bezw. 11. Mai 1877 sinngemäße Anwendung, soweit nicht im Entwurfe Abweichungen enthalten sind. Es gilt dies insbesondere auch von den Förmlichkeiten des Verfahrens. Die Anregung kann sowohl von den Betheiligten selbst, als von der Verwaltung ausgehen; vor Einleitung der Voruntersuchung ist der Entwurf des Genossenschaftsstatuts aufzustellen und das Fischereigebiet abzugrenzen u. s. w. Diese Abgrenzung kann der Natur der Sache nach nicht an die Gemarkungsgrenzen gebunden sein; sie ist vielmehr nach der Art und Lage der Wasserläufe und nach den Erfordernissen einer wirthschaftlichen Ausübung der Fischerei zu bewerkstelligen. Abweichend von den Bestimmungen des Gesetzes vom 21. Juni 1865 (Art. 12) sind die Voraussetzungen festzusetzen, unter welchen eine widerstrebende Minderheit zur Betheiligung an der Genossenschaft gezwungen werden kann. Während bei landwirthschaftlichen Unternehmungen, sei es zu Bewässerungen, Entwässerungen, zum Schutze gegen Ueberschwemmung oder zur Anlage von Feldwegen, das Interesse sich nach der Größe des Grundbesitzes bemißt und dementsprechend auch die Voraussetzung der Majorisirung nach diesem Gesichtspunkte festgestellt wird, kann bei der Fischerei nur die Länge der Wässerläufe als maßgebend in Betracht kommen. Bei der relativ geringen Bedeutung, insbesondere rücksichtlich der finanziellen Tragweite, hält es der Entwurf zur Bildung einer Genossenschaft für ausreichend, wenn die Ufereigenthümer mindestens der halben Länge der zum Genossenschaftsgebiet gehörigen Wasserläufe, die beiderseitigen Ufer zusammengerechnet, ihre Zustimmung gegeben haben. Die Voraussetzung zur Bildung der Genossenschaft ist sonach gegeben, wenn beispielsweise die sämmtlichen Eigenthümer des einen Ufers oder die Eigenthümer von $^2/_6$ Uferlänge des rechten und 1/6 Uferlänge des linken Ufers ihre Zustimmung gegeben haben. Auch wird davon abgesehen, die Genehmigung an die Zustimmung einer bestimmten Zahl von Uferbesitzern zu knüpfen."

Vgl. Vorlage Nr. 8, S. 22.

3. Während nach dem Entwurfe, wie vorerwähnt, die Zustimmung der Eigenthümer der Hälfte der gesammten Uferlänge zum Zustandekommen der Genossenschaft genügte, gelangte bei der dritten Lesung des Gesetzentwurfs ein Antrag zur Annahme, wonach zum Zustandekommen einer Genossenschaft die Zustimmung der Ufereigenthümer nicht der halben Uferlänge, sondern von zwei Drittheilen der Uferlänge erforderlich ist.

4. Der dritte Absatz des § 14 ist folgendermaßen begründet:

„Das im Vollzug des Artikels 10 des Gesetzes vom 21. Juni 1865 erlassene Dekret vom 17. November 1865 hat nach gemachten Erfahrungen bei der Ausführung einzelner Bestimmungen zu Weiterungen und unnöthiger Vielschreiberei Anlaß geboten; es scheint wünschenswerth, eine Vereinfachung eintreten zu lassen, und das Ministerium mit dem Erlasse der bezüglichen Anordnungen zu betrauen. Eine gleichartige Bestimmung ist in dem Gesetze, betreffend die autorisirten Genossenschaften zum Zwecke der Regelung von Feldwegen, sowie der Herstellung von Bewässerungen und Entwässerungen, vom 30. Juli 1890 § 17 enthalten."

Vgl. Vorlage Nr. 8 S. 23.

Auf Grund des § 17 des Gesetzes vom 30. Juli 1890 sind durch das Ministerium unterm 1. Oktober 1891 Bestimmungen, betreffend das Verfahren bei Bildung autorisirter Genossenschaften, erlassen worden. (Central- und Bezirksamtsblatt A Seite 161 ff.)

In Anlehnung an diese Bestimmungen, jedoch mit noch weitergehender Vereinfachung, ist das Verfahren hinsichtlich der Bildung von Fischereigenossenschaften geregelt.

Vgl. Genossenschaftsverordnung Abschnitt I, S. 109 ff.

5. Wegen eines Musters zu Satzungen für Fischereigenossenschaften vgl. S. 130.

§ 15.

Unabhängig von der Vorschrift des § 14 kann für ein zusammenhängendes Fischereigebiet die Bildung einer Genossenschaft durch den Gemeinderath nach Vernehmung eines unter der Leitung des Bürgermeisters von den Fischereiberechtigten der Gemeinde aus ihrer Mitte zu wählenden Ausschusses von fünf Mitgliedern beschlossen werden, wenn dies im Interesse der Erhaltung und Vermehrung des Fischbestandes liegt und einen überwiegenden wirthschaftlichen Nutzen darbietet.[1 2 3]

Erstreckt sich das Fischereigebiet auf mehrere Gemeindegemarkungen, so ist die Bildung der Genossenschaft dadurch bedingt, daß die sämmtlichen betheiligten Gemeinderäthe nach Vernehmung des für jede Gemeinde zu bildenden Ausschusses der Fischereiberechtigten zustimmende Beschlüsse gefaßt haben.

1. Die Begründung sagt zu dem Paragraphen das Folgende: „Unabhängig von den Bestimmungen des § 14 sollen die Gemeinderäthe befugt sein, nach Vernehmung eines von den Fischereiberechtigten zu wählenden Ausschusses von fünf Mitgliedern die Bildung einer Genossenschaft zu beschließen. Es wird hierdurch die Bildung von Genossenschaften wesentlich erleichtert für diejenigen Fälle, in welchen der Gemeinderath in der genossenschaftlichen Regelung einen überwiegenden wirthschaftlichen Nutzen erblickt und nach Anhörung der Vertreter der Fischereiberechtigten zu der Ueberzeugung gelangt, daß die Bildung einer Genossenschaft den Wünschen der Interessenten entspricht.“ Vgl. Vorlage Nr. 8 S. 23.

2. Die Bestimmung ist dem § 3 des Gesetzes vom 27. Juni 1890, betreffend die Haltung der Zuchtstiere, nachgebildet.

3. Es ist zu wünschen, daß von der Bestimmung des § 15 ausgiebiger Gebrauch gemacht wird. Es sind, besonders in der Nähe von Städten, vielfach Fischwasser vorhanden, welche von den Uferberechtigten nicht ausgebeutet werden, und für welche es an Liebhabern nicht fehlen würde, wenn letztere nicht vor den Verhandlungen mit den zahlreichen einzelnen Fischereiberechtigten zurückschrecken würden. In derartigen Fällen wird es eine dankenswerthe Aufgabe der Gemeindevorstände sein, die Bildung von Genossenschaften, sei es von Amtswegen, sei es auf Anregung von Fischereiinteressenten, in die Hand zu nehmen. Ist der Gemeinderath in Uebereinstimmung mit dem Ausschusse der Fischereiberechtigten der Ansicht, daß die Bildung einer Genossenschaft im Interesse der Erhaltung und Vermehrung des Fischbestandes liegt und einen wirthschaftlichen Nutzen darbietet, so wird derselbe keinen Anstand nehmen, selbst gegen den Willen einzelner Berechtigter, die Bildung einer Genossenschaft zu beschließen und dadurch die Einleitung und Durchführung des immerhin etwas umständlichen Verfahrens nach § 14 unnöthig machen.

Vgl. Genossenschaftsverordnung Abschnitt II S. 113.

§ 16.

¹Die Bestimmungen der §§ 14 und 15 finden keine Anwendung auf die Strecken der Wasserläufe, welche sich innerhalb von Grundstücken befinden, die mit einer fortlaufenden Einfriedigung umgeben sind.

Die Fischereiberechtigten in Gräben und Kanälen (§ 2), sowie diejenigen, welche auf einer zusammenhängenden Strecke von mindestens 300 Meter in der ganzen Breite des Wasserlaufs fischereiberechtigt sind, können nicht zum Beitritt zu einer Genossenschaft gezwungen werden.[2 3]

Der Ufereigenthümer ist berechtigt, das Betreten seiner Grundstücke zum Zwecke des Fischens zu verbieten. Dieses Verbot ist bei der Ortspolizeibehörde anzumelden und von dieser den Fischereiberechtigten bekannt zu machen.[4 5]

1. Der § 16 war in der Regierungsvorlage nicht enthalten mit Ausnahme der Bestimmung, daß Fischereiberechtigte an einer bestimmten zusammenhängenden Strecke in der ganzen Breite des Wasserlaufs nicht zum Beitritt zur Genossenschaft gezwungen werden können. Im Entwurf (§ 16 Absatz 3) war die Länge der Uferstrecke auf 500 Meter festgesetzt; bei der zweiten Lesung wurden die 500 Meter auf 300 Meter herabgesetzt.

2. Die übrigen Bestimmungen des Paragraphen sind, wie bemerkt, gegenüber dem Entwurf neu, und auf den Vorschlag des Kommissionsberichtes aufgenommen worden. Dieselben schränken die Möglichkeit der Genossenschaftsbildung nach dreifacher Richtung zum Theil zu Gunsten der Fischereiberechtigten in Gräben und Kanälen, zum Theil zu Gunsten der Ufereigenthümer ein. Zunächst sollen Strecken von Wasserläufen, welche sich innerhalb von Grundstücken befinden, die mit einer fortlaufenden Einfriedigung umgeben sind, nicht Objekte der Genossenschaft sein können. Die Bestimmung ist dem § 1, Ziffer 2 des Gesetzes vom 7. Februar 1881, betreffend die Ausübung des Jagdrechtes, nachgebildet. Fälle der Art werden in der Praxis wohl nicht häufig vorkommen: es wird sich vorzugsweise um Strecken von Wasserläufen handeln, welche innerhalb eingefriedigter Gärten, Parks oder Gehöfte gelegen sind.

3. Von größerer Bedeutung ist die Vorschrift, daß Fischereiberechtigte in Gräben und Kanälen nicht zum Beitritt der Genossenschaft gezwungen werden können, wie dies nach dem Entwurfe zulässig war. Die Begründung enthielt über diesen Punkt ausdrücklich Folgendes:

„Zu der Genossenschaft können nicht nur die als Ufereigenthümer Fischereiberechtigten, sondern auch diejenigen herangezogen werden, welchen das Fischereirecht in Gräben und Kanälen auf Grund des § 2 des Gesetzes zusteht. Das Gesetz spricht nur von Fischereiberechtigten, ohne zu unterscheiden, ob das Fischereirecht aus dem Ufereigenthum oder aus dem Eigenthum an einem künstlich angelegten Kanal oder Graben abgeleitet wird. Dagegen finden auf die Privatgewässer im Sinne des § 6 die Bestimmungen über die Bildung von Genossenschaften selbstverständlich keine Anwendung."

Vgl. Vorlage 8 S. 23.

Demgegenüber führt der Kommissionsbericht aus, „daß die Einbeziehung der im Privateigenthum stehenden Gräben und Kanäle in die Genossenschaft der förmlichen Enteignung eines Privatrechtes gleichkomme, und sich in keiner Weise rechtfertigen lasse.“ Dieser Auffassung trat denn auch der Landesausschuß in der zweiten Lesung des Entwurfes bei und erhob die Redaction des Kommissionsberichtes zum Beschlusse. Die Bestimmung wird bei Wasserläufen, an welche sich zahlreiche Triebwerke befinden, der Genossenschaftsbildung vielfach hinderlich im Wege stehen, da die Fischbevölkerung sich in den zu den Triebwerken gehörigen Kanälen und Gräben mit Vorliebe aufzuhalten pflegt. In Baden ist, wie oben zu § 2 bemerkt, das Fischereirecht der Kanal- und Gräbenbesitzer durch die Novelle vom 29. März 1890 beseitigt worden; unter der Herrschaft des Gesetzes vom 29. März 1852 aber konnten die Besitzer von Kanälen und Gewerbswassern gezwungen werden, einer Fischereigenossenschaft beizutreten. Vgl. Buchenberger. Fischereirecht und Fischereipflege im Großherzogthum Baden. 1888. S. 21. Sitzungsberichte S. 548, 549, 560.

4. Eine weitere Einschränkung zu Gunsten der Ufereigenthümer enthält der dritte Absatz. Derselbe handelt vom Uferbetretungsrecht und räumt dem Uferbesitzer die Berechtigung ein, das Betreten seiner Grundstücke zum Zwecke des Fischens zu verbieten. Macht der Ufereigenthümer von diesem Rechte Gebrauch, so hat er dies bei der Ortspolizeibehörde anzumelden, welche ihrerseits die Fischereiberechtigten davon zu verständigen hat. Der Kommissionsbericht bemerkt zu diesem Punkte, daß der Uferbesitzer, welchem die Last der Unterhaltung obliege, auch Herr über das Ufer bleiben müsse und sich das Betreten seiner Grundstücke nicht gefallen zu lassen brauche. Gegenüber dem Einwand, daß dann die Ausübung der Fischerei erschwert, in vielen Fällen sogar unmöglich gemacht werde, sei geltend zu machen, daß die Fischerei auch ohne das Ufer zu betreten, vom Kahne aus und sonstwie betrieben werden könne, und daß im Uebrigen den Pächtern in der Praxis in der Regel gelingen werde, mit den Eigenthümern wegen etwaiger Benutzung der Ufer eine Verständigung zu erzielen. Dr. von Staudinger bemerkt über das Uferbetretungsrecht (vgl. v. Stengel, Wörterbuch des deutschen Verwaltungsrechts I S. 416, Fischerei und Fischereipolizei § 16) was folgt:

„Das Uferbetretungsrecht ist vielfach angefochten und selbst in einzelnen stark romanisirenden Rechtssprüchen abgesprochen worden. Allein dasselbe muß, wenigstens im Allgemeinen und vorbehaltlich gewisser Restriktionen bestehen, weil ohne dasselbe die Ausübung des Fischereirechts überhaupt nicht oder nicht vollständig möglich ist. Die Nothwendigkeit des Uferbetretungsrechts beruht auch längst im Rechtsbewußtsein. Versuche, desselben sich zu entledigen, bestätigen nur das letztere. Spuren gesetzlicher Bekräftigung finden sich schon im Sachsenspiegel. Auch das bayerische Recht enthielt bereits vor Jahrhunderten direkte Anerkenntnisse des Uferbetretungsrechts. Andere Gesetze (Württemberg, Hessen, österreichische Kronländer) bestätigen nunmehr das Uferbetretungsrecht, wenn auch mit gewissen Restriktionen. Es fehlen auch nicht gerichtliche Urtheile, welche dasselbe auch da, wo solche gesetzliche Vorschriften fehlen, anerkennen."

In Württemberg, Hessen und in den österreichischen Kronländern ist somit die immerhin zweifelhafte Frage zu Gunsten der Fischereiberechtigten gelöst. Im badischen Fischereigesetze vom 29. März 1852 war die Frage unberührt geblieben, dagegen räumt der Artikel 5 der Novelle vom 29. März 1890 das Recht, nicht eingefriedigte Ufergrundstücke zu betreten, ausdrücklich ein und beseitigt dadurch bestehende Zweifel.

Für Elsaß-Lothringen ist durch die Annahme des Abs. 3 die Frage vorwiegend in Berücksichtigung des Eigenthumsrechtes gelöst. Es ist indeß zu bemerken, daß von fachmännischer Seite d. h. von ausübenden Fischern der Bestimmung eine die Fischerei wesentlich benachtheiligende Tragweite nicht beigemessen wird.

5. Wegen des Betretens der Ufer von schiff- und flößbaren Wasserläufen vgl. § 12 des Gesetzes S. 25.

§ 17.

Der Maßstab für die Vertheilung der Einkünfte aus der gemeinschaftlichen Fischereinutzung ist in dem Genossenschaftsstatut festzusetzen. Wenn das Genossenschaftsstatut eine Festsetzung nicht enthält, so erfolgt die Vertheilung nach Uferlängen.[1]

In genossenschaftlichen Fischereigebieten kann die Fischerei nur in derselben Art, wie es in § 13 für Wasserläufe der Gemeinden und öffentlichen Anstalten vorgeschrieben ist, ausgeübt werden.[2]

1. Der zweite Satz des ersten Absatzes ist auf Grund Beschlusses der Kommission aufgenommen worden. In der Regel wird die Vertheilung nach Uferlängen auch im Genossenschaftsstatut festgesetzt werden. Immerhin werden im Einzelfalle Abweichungen vorkommen. Gehören beispielsweise zum Genossenschaftsgebiete Wasserläufe, die in ihrer Breite erheblich abweichen (Bach- und Zuflußgräben), so wird es der Billigkeit entsprechen, den Ufereigenthümern am Hauptgewässer gegenüber denjenigen an den Zuflußgräben einen dem Verhältniß entsprechenden größeren Antheil zukommen zu lassen. Die Genossenschaft kann auch beschließen, daß der Ertrag der Fischerei in die Gemeindekasse fließt. Vgl. Musterstatut Art. 2 S. 130.

2. Die Bestimmung im zweiten Absatz ist in der Natur der Sache begründet. Die Ausübung der genossenschaftlichen Fischerei kann selbstverständlich, soll anders der erstrebte wirthschaftliche Zweck erreicht werden, nur in derselben Weise gestattet werden, wie dies für die Fischerei, welche Gemeinden oder öffentlichen Anstalten zusteht, vorge-

schrieben ist. Die Nutzung der Fischerei kann demgemäß nur in Regie, durch Verpachtung oder durch Ertheilung von Erlaubnißscheinen gegen Entgelt (Licenzen) genutzt werden (§ 13).

§ 18.

[1] Vom Tage des Inkrafttretens dieses Gesetzes ab können Fischereipachtverträge nur unter dem Vorbehalte abgeschlossen werden, daß dieselben erlöschen, falls das verpachtete Fischwasser einem genossenschaftlichen Fischereigebiet angeschlossen wird.

Alle vor dem Tage des Inkrafttretens dieses Gesetzes abgeschlossenen Fischereipachtverträge sind innerhalb dreier Monate auf der Kreisdirektion in gehörig registrirter Form gegen Empfangsbescheinigung zu hinterlegen.

Die nicht in dieser Form und Frist hinterlegten Verträge, sowie diejenigen, welche der Vorschrift in Absatz 1 zuwider abgeschlossen werden, sind ohne rechtliche Wirksamkeit.

Ausgenommen von der Vorschrift der Hinterlegung sind die behördlich genehmigten Fischereipachtverträge des Staates, der Gemeinden und öffentlichen Anstalten.

Die hinterlegten und die von der Vorschrift der Hinterlegung befreiten Verträge erlöschen im Falle des Anschlusses der verpachteten Fischwasser an eine nach Maßgabe der §§ 14, 15 gebildete Genossenschaft, insofern sie nicht schon in einem früheren Zeitpunkte außer Kraft treten, nach einem Jahr vom Ablauf des Tages an gerechnet, an welchem die Genossenschaft gebildet worden ist.[1]

1. In der Regierungsvorlage waren nur die drei ersten Absätze des Paragraphen enthalten. An Stelle des 4. und 5. Absatzes fand sich folgende Bestimmung:

„Die hinterlegten Verträge erlöschen, sofern sie nicht früher ablaufen, mit dem 31. Dezember 1894."

Die Begründung des Entwurfs lautete wie folgt:

„In einem zusammenhängenden Fischereigebiet können sich Strecken befinden, welche entweder verpachtet sind oder doch nach ihrer Ausdehnung zur Verpachtung sich eignen. Diese Umstände können der Bildung von Genossenschaften hinderlich im Wege stehen. Es sind daher, ähnlich wie dies im Jagdgesetze geschehen ist, Bestimmungen aufzunehmen, welche diese Unzuträglichkeiten so viel als möglich beseitigen. Zu dem Zwecke sollen Pachtverträge nach Inkrafttreten des Gesetzes nur mit dem Vorbehalte abgeschlossen werden können, daß dieselben als erloschen gelten, sobald das verpachtete Fischwasser einer Genossenschaft einverleibt wird. Bestehende Fischereipachtverträge sollen, jedoch mit gesetzlich beschränkter Geltungsdauer, unter der Voraussetzung in Kraft bleiben, daß dieselben in registrirter Form bei der Behörde in bestimmter Frist hinterlegt werden. Eine Beschränkung der Dauer dieser Verpachtungen erscheint nothwendig, da sonst die Anwendung des Gesetzes in vielen Fällen auf längere Zeit illusorisch gemacht würde."

Vgl. Vorlage Nr. 8 S. 23.

Bei Berathung des Paragraphen in der Kommission wurde vorgeschlagen, den vierten Absatz der Regierungsvorlage zu streichen und an dessen Stelle zwei neue Absätze anzufügen. Dieser Vorschlag fand in zweiter Lesung Annahme.

In dem Kommissionsberichte findet sich über den Abänderungsvorschlag Folgendes verzeichnet:

„Ihrer Kommission schien es angemessen, Fischereipachtverträge des Staates, der Gemeinden und der öffentlichen Anstalten, welche behördlich genehmigt sind und in Folge dessen ein festes Datum tragen, von der Vorschrift der Hinterlegung zu entbinden. Da die Aufhebung der Verträge nur wünschenswerth erscheint, falls die verpachteten Fischwasser einer Genossenschaft angeschlossen werden sollen, hält die Kommission es nicht für nothwendig, einen festen Zeitpunkt für das Erlöschen der Verträge festzusetzen. Die Verträge sollen vielmehr nur in diesem Fall außer Kraft treten und aus Billigkeitsrücksichten erst nach Ablauf eines Jahres, vom Tage der Bildung der Genossenschaft an gerechnet. Die Kommission schlägt daher vor, die drei ersten Absätze des Paragraphen unverändert anzunehmen und an Stelle des vierten Absatzes zwei neue Absätze aufzunehmen:"

Folgen die Absätze 4 und 5 in der vom Plenum angenommenen Fassung.

2. Auf eine Anfrage in der Kommissionsberathung, wie es zu halten sei, wenn nach Bildung einer Genossenschaft eine zur Zeit der Bildung verpachtete Theilstrecke frei werde, wurde bemerkt, daß diese Strecke, wenn sonst die Voraussetzungen des Gesetzes zuträfen, zu dem Genossenschaftsgebiet hinzutrete. Das Verhältniß zu dem genossenschaftlichen Fischereipächter würde im einzelnen Falle durch entsprechende Vorbehalte in den Pachtbedingungen zu regeln sein.

§ 19.

Gemeinden, öffentliche Anstalten, Fischereigenossenschaften und sonstige Fischereiberechtigte können besondere Fischereiaufseher bestellen.[1]

Die Fischereiaufseher der Gemeinden und öffentlichen Anstalten werden vom Bürgermeister ernannt.

Die Bestellung der Fischereiaufseher der Genossenschaften und sonstigen Fischereiberechtigten bedarf der Genehmigung des Bürgermeisters.[2]

Die Genehmigung wird ertheilt, wenn gegen die Zuverlässigkeit des zu Bestellenden kein Anstand obwaltet. Vor Ausübung ihres Amtes sind die Fischereiaufseher durch das Amtsgericht des Wohnorts eidlich zu verpflichten.[3]

1. Den verschiedenen Kategorien von Fischereiberechtigten soll es unbenommen sein, zur Erzielung eines wirksamen Fischereischutzes Fischereiaufseher zu bestellen. Auch nach Art. 65 des Gesetzes vom 15. April 1829 konnten die Fischereiberechtigten Fischereiaufseher (gardes) bestellen, welche den Waldaufsehern (gardes-bois) der Privaten gleichgestellt waren. Für die Anstellung und Beeidigung waren sohin die Bestimmungen des Art. 117 des Forstgesetzbuches vom 21. Mai/31. Juli 1827, des Art. 150 der Ordonnanz zur Ausführung des Forstgesetzbuches vom 1. August 1827 und § 4 des Gesetzes betr. die Einrichtung der Forstverwaltung vom 30. Dezember 1871 maßgebend, wonach die Bestallung vom Kreisdirektor zu genehmigen und der Bestallte beim Amtsgericht zu vereidigen war.

2. Die Regierungsvorlage enthielt statt des Absatz 2 und 3 des Paragraphen folgende Bestimmung:

„Die Bestallung der Fischereiaufseher bedarf der Genehmigung des Kreisdirektors, in den Städten Straßburg und Metz des Polizeidirektors."

In der Kommission herrschte dagegen die Auffassung, daß es nicht nothwendig sei, die Bestallung der Genehmigung der staatlichen Aufsichtsbehörde zu unterwerfen; es empfehle sich vielmehr, die Ernennung der Fischereiaufseher der Gemeinden und öffentlichen Anstalten den Bürgermeistern zu übertragen und die Bestallung der Fischereiaufseher der Genossenschaften und Privaten nur von der Genehmigung des Bürgermeisters abhängig zu machen. Dieser Auffassung trat der Landesausschuß bei.

3. Den eidlich verpflichteten Fischereiaufsehern wird nach den Urtheilen des Reichsgerichts vom 23. Juni und 6. November 1882 (Entscheidungen in Strafsachen, Band 6 S. 400 und Band 7 S. 210) die Eigenschaft von Beamten im Sinne des Strafgesetzbuches (§ 359) beizulegen sein; auch zählen dieselben zu den Beamten des Polizei- und Sicherheitsdienstes im Sinne des § 161 der St.-P.-O. Vgl. auch Art. 5 der Ausführungs-Verordnung S. 87.

§ 20.

Jedermann muß bei Ausübung der Fischerei, einschließlich der freien Angelfischerei (§ 1, Abs. 2), im Besitze einer auf seine Person lautenden, nach Maßgabe der folgenden Paragraphen auszustellenden Karte sein, welche er mit sich zu führen und auf Verlangen den Aufsichtsbeamten vorzuweisen hat.[1 2 3 4]

1. Im allgemeinen Theil der Begründung ist zu dem Paragraphen Folgendes bemerkt:

„Fischerkarten, Fischereierlaubnißscheine, Fischereiausweise d. h. bestimmte Legitimationspapiere, welche die Fischenden besitzen, bei sich führen und den Aufsichtsbeamten vorzeigen müssen, bestehen in dieser oder jener Gestalt in den meisten neueren Fischereigesetzen. Die Einzelvorschriften über Form und Inhalt gehen aber ziemlich weit auseinander. Sind derartige Fischerkarten in einzelnen Gesetzgebungen vorwiegend oder ausschließlich dazu bestimmt, dem Fischenden als Ausweis darüber zu dienen, daß er die Fischerei berechtigt ausübt, so tragen sie in anderen den Charakter rein polizeilicher Legitimationsscheine nach Analogie der Jagdscheine an sich.

Vorwiegend in letzterem Sinne sind die Fischerkarten des Entwurfs aufzufassen, dazu bestimmt, Fischereiübertretungen zuvor zu kommen und deren Entdeckung und Feststellung zu erleichtern."

Vgl. Vorlage 8 S. 17.

Im Großherzogthum Baden verfolgt die Fischerkarte gleichzeitig den Zweck, als Nachweis der Fischereiberechtigung zu dienen. Artikel 10 des Gesetzes vom 3. März 1870 lautet: Niemand darf Fische fangen, ohne mit einer, seine Berechtigung und deren Umfang beurkundenden Fischerkarte versehen zu sein. Die gleichartige Bestimmung ist in dem Art. 2 des Württembergischen Fischereigesetzes vom 27. November 1865 enthalten. Demgegenüber kennt das Preußische Fischereigesetz vom 30. Mai 1874 (§ 11) und das Hessische vom 27. April 1881 (Artikel 35) nur Erlaubnißscheine, welche diejenigen Fischer nöthig haben, die in den Revieren anderer Berechtigter oder über die Grenzen der eigenen Berechtigung hinaus den Fischfang ausüben wollen.

2. Die Karte tritt, wie die Begründung bemerkt, gewissermaßen an die Stelle des Jagdscheins, jedoch nur in seiner Eigenschaft eines die Kontrole erleichternden polizeilichen Legitimationsscheines und zu dem Zwecke, zu jugendliche oder bestrafte Personen von der Ausübung der Fischerei auszuschließen, keineswegs aber um die Zahl der Ausübenden, wie dies hinsichtlich der Jagd durch die Erhebung einer hohen Gebühr bezweckt wird, zu vermindern. Es ist bei Berathung des Gesetzes in den drei Lesungen, indbesondere den in Hinsicht der Einschränkung der freien Angelfischerei erhobenen Bedenken gegenüber regierungsseitig nachdrücklichst betont worden, daß der Zweck einer Beschränkung der Fischerei im Allgemeinen, oder der freien Angelfischerei im Besonderen dem Gesetze durchaus fern liege. Es sei nur beabsichtigt, unsaubere Elemente auszuschließen und dadurch der wilden Fischerei vorzubeugen, die Gebühr sei so mäßig, daß sich durch dieselbe wohl Niemand von

der Lösung einer Karte abschrecken lasse, es beständen übrigens keine Bedenken, die Gebühr noch weiter herabzusetzen. Es sei ferner zu bemerken, daß die Ausstellung der Karte nicht in das Belieben der Behörde gestellt sei, daß vielmehr die Karte vorbehaltlich der im Gesetze bezeichneten wenigen Fälle auf Verlangen Jedem gegeben werden müsse. Vgl. auch Art. 9 Abs. 2 der Ausführungsverordnung (S. 89).

3. Die Karte liefert nur den Nachweis, daß fischereipolizeilicherseits gegen die Ausübung der Fischerei durch den Inhaber keine Bedenken bestehen. Der Besitz einer Karte entbindet den Inhaber daher nicht von dem Nachweise der Berechtigung zur Ausübung der Fischerei auf der Strecke, wo er dieselbe thatsächlich ausübt. Die Berechtigung zur Ausübung der Fischerei bestimmt sich aber lediglich nach den Vorschriften der §§ 1, 2 und 3 dieses Gesetzes und nach dem privatrechtlichen Verhältniß, in dem der die Fischerei Ausübende zu den nach den angeführten Paragraphen Berechtigten steht.

Nach § 21 des Gesetzes werden drei Arten von Karten ausgegeben, Angelkarten, Fischerkarten für schiff- und flößbare Wasserläufe und Fischerkarten für nicht schiff- und flößbare Wasserläufe.

Der Besitzer einer Angelkarte leitet seine Berechtigung zur Ausübung der sogenannten freien Angelfischerei aus § 1 Abs. 2 dieses Gesetzes ab.

Der Besitzer einer Fischerkarte zur Ausübung der Fischerei in schiff- und flößbaren Wasserläufen ist zur Ausübung der Fischerei berechtigt, wenn er die Fischerei auf der Strecke, wo er sie ausübt, vom Staate gepachtet hat, oder wenn er von dem Pächter die Berechtigung zum Fischen erworben hat. Wieweit der Pächter zur Uebertragung seines Rechts befugt ist, bestimmt sich nach dem Inhalt seines Pachtvertrages. (Vgl. staatliche Pachtbedingungen § 19 S. 138.)

Der Besitzer einer Fischerkarte zur Ausübung der Fischerei in nicht schiff- und flößbaren Wasserläufen ist zur Ausübung der Fischerei auf der Strecke, wo er sie ausübt, berechtigt, wenn er zu den in § 2 und 3 des Gesetzes genannten Personen gehört oder von denselben die Berechtigung zur Ausübung der Fischerei erhalten hat.

Die Berechtigung zur Ausübung der sogenannten freien Angelfischerei beruht auf dem Gesetz. Der Inhaber einer Angelkarte braucht also keinen besonderen Nachweis wegen seiner Berechtigung zu führen. Wohl aber liegt dies dem Inhaber einer Fischerkarte ob. Dieser muß, wie dies auch auf der Karte selbst bemerkt ist (vgl. S. 92, 94), den Nachweis seiner Berechtigung führen können. Meistens, z. B. bei den Pächtern der Fischerei in staatlichen Gewässern, wird die Berechtigung offenkundig sein. Sonst wird ein schriftlicher Ausweis in irgend einer Form genügen. Auch ist nicht ausgeschlossen, daß sich auf der Fischerkarte selbst ein Vermerk befindet, z. B. hinter dem Namen des Inhabers die Bezeichnung als Pächter eines bestimmten Fischereilooses. In diesem Falle muß aber daran festgehalten werden, daß darin keine Beschränkung des Inhalts der Karte liegt, und daß der Karteninhaber auch in jedem anderen Wasserlauf von der Art, für die seine Karte ausgestellt ist, fischen darf, vorausgesetzt, daß er sich mit dem betreffenden Fischereiberechtigten ins Einvernehmen gesetzt hat.

4. Wegen der Strafbestimmungen vgl. §§ 42 und 43 S. 63 ff.

§ 21.

[1] Für die Ausübung der freien Angelfischerei (§ 1 Abs. 2) werden Angelkarten, für die Ausübung der sonstigen Fischerei Fischerkarten ertheilt.

Die Angelkarten, sowie die Fischerkarten für die nicht schiff- oder flößbaren Wasserläufe werden durch die Bürgermeister des Wohnortes, in den Städten Straßburg, Metz und Mülhausen durch die Polizeidirektoren ausgestellt.[2]

Die Fischerkarten für die im § 1 Abs. 1 bezeichneten Wasserläufe werden durch die Wasserbauinspektoren ausgestellt.

Die Karten sind für das Kalenderjahr gültig.[3 4] Für die Angelkarten ist eine Gebühr von 20 Pfennig, für die Fischerkarten eine solche von 1 Mark zu entrichten. Die Gebühr fließt in die Kasse derjenigen Gemeinde, in welcher der Antragsteller wohnt oder sich aufhält.[5 6]

1. Der Paragraph weicht von der Regierungsvorlage, welche die Materie in zwei Paragraphen (§ 20 und 21) behandelte, in verschiedenen Richtungen ab. Der eine Paragraph handelte nur von den Angelkarten. Dieselben sollten von den Kreisdirektoren, in Straßburg und Metz von den Polizeidirektoren ertheilt werden; die Gebühr in der Höhe von einer Mark sollte zur Landeskasse fließen, da es sich um Ausübung der Fischerei in staatlichen Gewässern handelte. Der zweite Paragraph hatte die Fischerkarten zum Gegenstand, deren Ausstellung gleichfalls den Kreisdirektoren, in Metz und Straßburg den Polizeidirektoren übertragen war. Die Ertheilung sollte von dem Nachweis der Berechtigung oder der Zustimmung der Berechtigten abhängig gemacht werden können, auch sollten die Fischerkarten nur für die darin bezeichneten Gewässer gültig sein; die Gebühr in der Höhe von einer Mark sollte in die Gemeindekasse, und wenn eine Fischereigenossenschaft bestände, in die Genossenschaftskasse fließen.

Die Gründe, welche zu der nunmehrigen Redaktion des Paragraphen führten, sind im Kommissionsbericht folgendermaßen erörtert:

„Zu §§ 20 und 21 wurde bemerkt, daß die einzuführenden Karten ihre Zweckbestimmung am besten erreichten, wenn dieselben in verschiedener Ausstattung für die freie Angelfischerei, für die Fischerei in staatlichen Wasserläufen, endlich für diejenige in nicht schiffbaren und nicht flößbaren Wasserläufen ausgestellt würden.

Es würde auf diese Weise die Fischereiaufsicht wesentlich erleichtert und insbesondere vermieden, daß die freie Angelfischerei zu der Ausübung der sonstigen Fischerei mißbraucht wird. Im Uebrigen ist die Kommission der Ansicht, daß bezüglich des Verfahrens bei Ertheilung der Karten jede thunliche Erleichterung zu gewähren sei. Es erscheine insbesondere allzu umständlich, wenn die Karten von den Kreisdirektoren ausgestellt werden müssen. Es empfehle sich hinsichtlich der staatlichen Wasserläufe, die Ausstellung den Wasserbauinspektoren zu übertragen, mit welchen die Fischereiberechtigten ohnedies in dienstlichen Verkehr treten müßten. Die Ertheilung der Angelkarten und Fischerkarten in nicht schiff- und nicht flößbaren Wasserläufen könne mit Ausnahme der Städte Straßburg, Metz und Mülhausen unbedenklich durch die Bürgermeister erfolgen. In den vorbezeichneten Städten seien die Polizeidirektoren die geeigneten Organe, da ihnen das Personal zur Einziehung der erforderlichen Erkundigungen zu Gebote stehe, was bei den Bürgermeistern nicht in dem Maße der Fall sei.

Was die zu erhebende Gebühr anlange, so erscheine der Betrag von 1 Mark für die Fischerkarten angemessen, für die Angelkarten dagegen glaubt die Kommission eine Gebühr von 50 Pfennig als ausreichend bezeichnen zu müssen. Ihre Kommission ist ferner der Ansicht, daß die Gebühren sowohl für die Fischerkarten, als für die Angelkarten der Gemeindekasse zu Gute kommen. Es wurde ferner der Wunsch ausgesprochen, das Verfahren für die Ertheilung thunlichst einfach zu gestalten, auch sei es sachdienlich, wenn auf den Karten die Schonzeiten der einzelnen Fischgattungen ersichtlich gemacht würden. Regierungsseitig wurde die Berücksichtigung dieser Wünsche bei Erlaß der Ausführungsbestimmungen zugesagt."

In dritter Lesung wurde nach lebhafter Diskussion die Gebühr für die Angelkarte auf 20 Pfennig herabgesetzt; ein Antrag auf völlige Streichung der Gebühr dagegen abgelehnt. Vgl. Sitzungsberichte S. 672—674.

2. Der Begriff des Wohnortes ist möglichst weitgehend zu fassen. Auch ein vorübergehender Aufenthalt in einem Orte genügt, um denselben zum Wohnorte zu machen, z. B. der Aufenthalt in Bädern, zum Besuche u. s. w. Vgl. auch Abs. 4: die „Gemeinde, in welcher der Antragsteller wohnt oder sich aufhält".

Für Personen, die außerhalb Elsaß-Lothringens ihren ständigen Wohnort haben und sich nur zum Zwecke des Fischens vorübergehend nach Elsaß-Lothringen begeben, wird als Wohnort die Gemeinde anzusehen sein, in der sie durch Fischereipachtvertrag Wohnsitz erwählt haben, oder wo sie die Fischerei thatsächlich ausüben wollen.

3. Zuständig ist nach der Entstehungsgeschichte und dem Wortlaut des Paragraphen jeder Wasserbauinspektor in Elsaß-Lothringen. In erster Reihe wird aber natürlich derjenige in Frage kommen, in dessen Bezirk der Nachsuchende eine Berechtigung zum Fischen in einem öffent-

lichen Wasserlauf besitzt. Die einmal ausgestellte Fischerkarte gilt während des betreffenden Kalenderjahres für alle öffentlichen Wasserläufe Elsaß-Lothringens. Einen Ausweis über die Fischereiberechtigung oder die Bestätigung eines von dem Fischereipächter ausgestellten Ausweises über die Fischereiberechtigung in einem Wasserlaufe, in dem nach § 1 Abs. 1 des Gesetzes dem Staate die Fischerei zusteht, kann selbstverständlich nur derjenige Wasserbauinspektor ausstellen, in dessen Bezirk die betreffende Fischereistrecke liegt.

4. Die Giltigkeitsdauer der Angel- und Fischerkarten ist auf das Kalenderjahr bemessen, die hievon abweichend festgesetzte Giltigkeitsdauer der Jagdscheine beruht auf den Jagdschonvorschriften.

5. Sollte der Antragsteller außerhalb Elsaß-Lothringens wohnen und sich auch nur ganz vorübergehend, z. B. lediglich zum Zwecke der Ausübung der Fischerei in Elsaß-Lothringen aufhalten, so wird die Gebühr für Fischerkarten zur Ausübung der Fischerei in schiff- und flößbaren Wasserläufen an die Gemeindekasse derjenigen Gemeinde abzuliefern sein, in welcher der Inhaber der Fischerkarte als Ansteigerer eines Fischereilooses Wohnsitz erwählt hat. Die Gebühren der Karten für Unterpächter und Inhaber von Erlaubnißscheinen werden wie die der Hauptpächter zu behandeln sein. In dem voraussichtlich nicht leicht vorkommenden Falle, daß der Inhaber der Karte noch keine Fischereiberechtigung besitzt, wird es sich empfehlen, die Gebühr der Gemeinde zu überweisen, wo der Wasserbauinspektor, der die Karte ausstellt, seinen Wohnsitz hat. Hat ein solcher Fischer mehrere Fischereiloose gepachtet, für die er bei der Ansteigerung in verschiedenen Gemeinden Wohnsitz gewählt hat, so wird die Ueberweisung der Gebühr der einen, für ihn auszustellenden Fischerkarte an die Gemeinde zweckdienlich sein, wo die den höchsten Pachtpreis einbringende Ansteigerung vorgenommen worden ist.

Die Gebühr für die Fischerkarten zur Ausübung der Fischerei in nicht schiff- und flößbaren Wasserläufen und für die Angelkarten wird in dem vorhin angeführten Falle derjenigen Gemeinde zu überweisen sein, deren Bürgermeister dem Fischer, der außerhalb Elsaß-Lothringens wohnt, die Karte ausgestellt hat.

6. Die Fischerkarte für schiff- und flößbare Wasserläufe giebt dem Inhaber die Befugniß zur Ausübung der sogenannten freien Angelfischerei nur auf der Strecke, die er gepachtet, oder wo er sonstwie zur Ausübung der Fischerei berechtigt ist. Will er auf einer andern Strecke diese Art der Fischerei ausüben, so muß er noch eine Angelkarte lösen.

§ 22.

[1] Das Hilfspersonal,[2] welches bei dem Fischen in Anwesenheit des Inhabers einer Fischerkarte beschäftigt wird, bedarf einer solchen nicht.[3]

1. Der Paragraph enthält eine Vergünstigung vorwiegend für die Berufsfischer, sowie für sonstige Fischereiberechtigte, welche den Fischfang

im Großen betreiben und daher genöthigt sind, sich bei Ausübung des Fischfanges eines mehr oder minder zahlreichen Hilfspersonals zu bedienen, mag dies in ständig engagirten Fischerknechten oder vorübergehend angenommenen Tagearbeitern bestehen.

2. Zum Hilfspersonal zählen alle diejenigen Personen, die unter unmittelbarer Leitung oder Aufsicht des Inhabers einer Fischerkarte gemeinschaftlich bei Ausübung des Fischfanges Hülfe leisten.

3. Bei Benutzung von Fischernachen wird sich in der Regel in jedem Nachen ein Inhaber einer Fischerkarte befinden müssen. Vereinigen sich aber z. B. bei Anwendung von größeren Treib- oder Schleppnetzen die Besatzungen mehrerer Nachen zu einem gemeinschaftlichen Fischzuge, so genügt es, daß der gemeinschaftliche Leiter des ganzen Fischfanges im Besitz einer Karte ist.

§ 23.

Die Fischer- oder Angelkarte darf nicht ertheilt werden:

1. Kindern unter 12 Jahren;[1]
2. Personen, welche sich nicht im Besitze der Ehrenrechte befinden, oder welche unter Polizeiaufsicht stehen.

Kinder unter 12 Jahren können ohne Karte unter der Aufsicht ihrer Eltern, Vormünder oder Erzieher, sofern diese sich im Besitz einer Karte befinden, an der Ausübung der Fischerei theilnehmen.

Für Minderjährige vom vollendeten 12. bis zum vollendeten 16. Jahre ist zur Ertheilung einer Karte der Antrag ihres gesetzlichen Vertreters oder Kurators erforderlich.[2]

Die ertheilte Karte ist für ungültig zu erklären und einzuziehen, wenn einer der Umstände, welche die Ertheilung ausschließen, erst nach der Ertheilung eintritt oder zur Kenntniß der Behörde kommt.[3]

1. Nach der Regierungsvorlage und den Beschlüssen in zweiter Lesung waren Kinder unter 12 Jahren von der Betheiligung an der Fischerei vollständig ausgeschlossen. Der zweite Absatz des Paragraphen wurde in dritter Lesung eingefügt.

2. Der dritte Absatz entspricht in seiner endgültigen Fassung der Regierungsvorlage; in zweiter Lesung waren die Worte „vom vollendeten 12. bis zum vollendeten 16. Jahre“ durch „über 12 Jahre“ ersetzt, so daß der Antrag des gesetzlichen Vertreters oder Kurators bis zur erlangten Großjährigkeit erforderlich war. Die Kommission hatte, wie ein Mitglied bemerkte, Bedenken, die väterliche Gewalt zu beschränken und implicite anzuerkennen, daß ein Minderjähriger über 16 Jahre eine Karte gegen den Willen

seines Vaters erhalten könne. In dritter Lesung wurde jedoch die Fassung der Regierungsvorlage wieder hergestellt.

Vgl. Sitzungsberichte S. 552. 553. 674.

3. Die Bestimmungen unter Abs. 1 Ziff. 1 und letzter Absatz sind dem Jagdpolizeigesetz vom 7. Mai 1883 (§ 10) nachgebildet.

§ 24.

Die Fischer- oder Angelkarte kann verweigert werden:

1. Personen, welche wegen Bettels oder Landstreichens, Contrebande oder Zolldefraudation, Verletzung der Fischereigesetze oder der dazu erlassenen Verordnungen, unberechtigten Fischens oder Diebstahls von Fischen, Forstdiebstahls, unberechtigten Jagens, Beschädigung von Wasserbauten, Fischerei-Anstalten oder -Vorrichtungen innerhalb der letzten drei Jahre rechtskräftig verurtheilt sind;
2. Personen, welche zu Zuchthaus rechtskräftig verurtheilt sind, innerhalb 5 Jahren nach Verbüßung der Strafe.

Bei Bestrafungen wegen Contrebande oder Zolldefraudation kann jedoch die Verweigerung nur dann stattfinden, wenn auf Freiheitsstrafe erkannt ist.

In Gemeinden von weniger als 10 000 Einwohnern darf in den vorbezeichneten Fällen die Karte nur mit Genehmigung des Kreisdirektors ertheilt werden.

Die ertheilte Karte kann für ungültig erklärt und eingezogen werden, wenn einer der Umstände, wegen deren die Verweigerung erfolgen kann, erst nach der Ertheilung eintritt oder zur Kenntniß der Behörde kommt.[1] [2]

1. Ob die Ertheilung einer Fischerkarte beim Vorhandensein der in § 24 bezeichneten Voraussetzungen stattfindet, ist in das freie Ermessen der zur Ausstellung der Karte zuständigen Behörde gestellt; eine Einschränkung dieser Befugniß enthält der Absatz 3 hinsichtlich der von den Bürgermeistern auszustellenden Angelkarten und Fischerkarten in nicht schiff- oder flößbaren Wasserläufen in Gemeinden von weniger als 10 000 Einwohnern. In solchen Gemeinden kann die Karte, falls die Voraussetzungen des Absatz 1 vorliegen, nur mit Genehmigung des Kreisdirektors ertheilt werden. Die Bestimmung ist auf Vorschlag der Kommission in zweiter Lesung eingefügt worden und liegt im Sinne der Regierungsvorlage, welche wie zu § 21 bemerkt ist, die Ausstellung der Karten allgemein den Kreisdirektoren übertragen wissen wollte. —

Selbstverständlich bezieht sich, wie der Wortlaut und der Kommissionsbericht ergiebt, die Bestimmung nicht auf die von den Wasserbauinspektoren auszustellenden Fischerkarten.

Vgl. Sitzungsberichte S. 562.

2. Die Voraussetzungen, unter welchen die Verweigerung der Fischer- oder Angelkarte stattfinden kann, sind im Wesentlichen aus dem Gesetz betreffend die Jagdpolizei vom 7. Mai 1883 (§ 11) übernommen; daß neben den daselbst aufgeführten Zuwiderhandlungen solchen, welche mit der Fischerei in näherem Zusammenhange stehen, ein Platz eingeräumt wird, ist in der Natur der Sache begründet.

§ 25.

Die Bestimmungen über Form und Inhalt der Fischer- und der Angelkarte, sowie über das Verfahren bezüglich der Ertheilung derselben werden vom Ministerium erlassen.[1] Die auf Ertheilung der Karten bezüglichen Schriftstücke der Behörden und Privaten sind von Staatsgebühren befreit.[2]

1. Ueber das Verfahren bei Ertheilung der Karten, sowie über Form und Inhalt derselben vgl. Art. 7 ff. der Ausführungs-Verordnung S. 88 ff.

2. Bei Ertheilung der Karten soll, wie oben bemerkt (§ 21), jede thunliche Erleichterung gewährt werden; aus dieser Erwägung sollen auch keinerlei Staatsgebühren zur Erhebung kommen; es sind sohin Gesuche, Bescheinigungen, Atteste und dergleichen der Stempel- oder Registrirungspflicht nicht unterworfen. Es ließe sich auch kaum rechtfertigen, wenn die Ausstellung der Karten mit Kosten verbunden wäre, welche die Kartengebühr übersteigen oder derselben nahezu gleichkommen.

§ 26.

[1] In den Wasserläufen jeder Art darf von dem Fischereiberechtigten[2] kein Fischwehr, keine ständige Vorrichtung oder Fanganlage angebracht werden, welche den Zweck hat, den Durchgang der Fische gänzlich zu verhindern.[3] [4]

1. Der Entwurf sagt zur Begründung des Paragraphen, was folgt: „Der § 26 giebt den Art. 24 des Gesetzes vom 15. April 1829 wieder. Derselbe ist nur auf solche (ständige oder vorübergehende) Vorrichtungen anwendbar, welche den Zweck haben, das Auf- oder Absteigen der Fische unmöglich zu machen; er findet deshalb auf Vorrichtungen, welche zur Bewässerung oder für Mühlen und Triebwerke bestimmt sind, keine Anwendung. Dagegen fallen unter die Bestimmung des Paragraphen alle Wasserläufe, mit Ausnahme

selbstverständlich der im § 6 bezeichneten, in ausschließlichem Privateigenthum stehenden Gewässer."

Vgl. Vorlage Nr. 8 S. 24.

Das Verbot findet sonach sowohl auf schiff- oder flößbare, als auf nicht schiff- oder flößbare Wasserläufe Anwendung; demselben sind auch diejenigen Strecken der Wasserläufe unterworfen, welche durch ein geschlossenes Besitzthum fließen. Ein bei Berathung des Gesetzes vom 15. April 1829 in der Pairskammer gestellter Antrag, diese Strecken von dem Verbote auszunehmen, wurde zurückgewiesen (vgl. Dalloz, J. G., pêche fluviale 85).

2. Unter Fischereiberechtigten sind nicht nur die Eigenthümer, sondern auch die Pächter oder Inhaber von Erlaubnißscheinen zu verstehen.

3. Die Anlage muß den Zweck verfolgen, den Durchgang der Fische zu verhindern, sie muß eine Fischfanganlage (barrage de pêcherie) sein; auf Stauvorrichtungen, welche für Bewässerungszwecke oder an Mühlen und Triebwerken angelegt sind, findet die Bestimmung keine Anwendung. Es ist in einem Urtheil ausgesprochen, daß dies selbst dann nicht der Fall sei, wenn die Anlage die Möglichkeit bieten würde, durch eine bestimmte Handhabung der Stauvorrichtungen den Durchgang der Fische gänzlich zu verhindern. Die Rechtsprechung ist übrigens schwankend; es wird auch in manchen Fällen schwer festzustellen sein, ob eine industrielle Anlage nicht gleichzeitig den Zweck verfolgt, den Durchgang der Fische zu verhindern. Die Entscheidung hierüber steht im Einzelfalle dem Richter zu. Eine Reihe von Entscheidungen findet sich: Dalloz, J. G., pêche fluviale 97—111.

Ueber Anlegung von künstlichen Fischwegen (Fischleitern) handelt der folgende Paragraph.

4. Wegen der Straffolgen bei Zuwiderhandlungen vgl. § 45 Abs. 1 und § 48 S. 65 u. S. 67; wegen der civilrechtlichen Folgen § 46 S. 66.

§ 27.

[1 2 3] Wer in einem Wasserlauf Wehre, Schleusen oder andere bauliche Anlagen errichten will, welche den freien Zug der Fische verhindern oder beeinträchtigen, kann durch die zuständige Behörde angehalten werden, auf seine Kosten sogenannte Fischwege (Fischleitern) anzulegen und zu unterhalten.

Die Besitzer von bereits bestehenden Wehren, Schleusen oder anderen baulichen Anlagen, durch welche der freie Zug der Fische verhindert oder beeinträchtigt wird, sind verpflichtet, die Herstellung von Fischwegen zu dulden, wenn dieselbe im öffentlichen Interesse angeordnet wird. Dieselben haben Anspruch auf Ersatz des hierdurch erwachsenden Schadens durch die Landeskasse. Auf die Feststellung der Entschädigung findet § 5 Anwendung.

1. Die im Interesse der Industrie und Landwirthschaft nothwendigen baulichen Anlagen an Wasserläufen bilden vielfach Hindernisse, welche den Zug der Wanderfische versperren, dieselben im Laichgeschäft behindern und dadurch die Fischerei auf weiten Strecken beeinträchtigen können. Das Mittel, die durch solche Anlagen (Wehre, Schleusen, Dämme u. s. w.) hervorgerufenen Nachtheile zu beseitigen, liegt in der Anlage sogenannter Fischwege (Fischpässe, Fischleitern), welche es den Fischen gestatten, die Hindernisse zu überwinden. Die Anlage solcher Fischwege liegt vornehmlich im Interesse der Lachsfischerei. Der Lachs tritt bekanntlich vom Meer in die Flüsse ein und steigt in die oberen Theile derselben und in die dort einmündenden Gebirgsgewässer ein, um dem Fortpflanzungsgeschäft obzuliegen. Wird ihm der Aufstieg verwehrt, so findet nicht nur oberhalb der Hindernisse kein Lachsfang statt, es wird auch die Fortpflanzung zum Nachtheil der Fischerei behindert oder sie vollzieht sich wenigstens unter ungünstigen Bedingungen. Auch bezüglich der Aale, die, soviel festzustehen scheint, im Meere laichen und deren Brut (montée) in die Binnengewässer aufsteigt, spielen die sogenannten Aalleitern eine wichtige Rolle. Im Uebrigen werden die Fischwege nicht nur von den Wanderfischen, sondern auch von den Standfischen, welche zur Laichzeit ebenfalls aufzusteigen pflegen, benutzt.

2. Der Entwurf bemerkte in der Begründung das Folgende:

„Der § 27 bezweckt, die Hindernisse zu beseitigen, welche durch bestehende oder zu errichtende Stauvorrichtungen im Interesse der Landwirthschaft und Industrie dem Durchzuge der Fische bereitet werden. Das Mittel der Beseitigung liegt in der Anlage sogenannter Fischwege oder Fischleitern, welche den Fischen gestatten, das Hinderniß zu überwinden.

Den gleichen Zweck verfolgte die Bestimmung in Art. 1 Abs. 2 des Gesetzes vom 31. Mai 1865, jedoch in unzureichender Weise. Nach Art. 1 sind durch Kaiserliches Dekret diejenigen Theile der Wasserläufe zu bestimmen, in deren Stauvorrichtungen Fischwege angebracht werden können, und Art. 2 verordnet, daß Entschädigungen, zu welchen die Anlage von Fischleitern Anlaß bieten kann, nach Maßgabe der Bestimmungen des Gesetzes vom 16. September 1807 festzusetzen sind. Ueber das Verfahren, über die Frage, wer die Herstellung solcher Fischleitern beanspruchen kann, wem die Entscheidung über die Zulässigkeit oder Nothwendigkeit der Errichtung zusteht, enthält das Gesetz keine Vorschrift. Dies war auch wohl der Grund, weshalb die Bestimmung, abgesehen von einzelnen auf Staatskosten in öffentlichen Wasserläufen hergestellten Fischwegen (Ill, Mosel), eine praktische Bedeutung nicht erlangt hat.

Der Entwurf bringt den Grundsatz zur Geltung, daß mit Rücksicht auf das vorliegende öffentliche Interesse denjenigen, welche eine den Zug der Wanderfische hindernde Vorrichtung anbringen wollen, die Beseitigung dieses Hindernisses auf ihre Kosten auferlegt werden kann, und daß den Besitzern bestehender, ein Hinderniß bildender Anlagen die Verpflichtung auferlegt werden soll, die Anlage von Fischwehren auf Kosten der Fischereiberechtigten zu dulden. Bezüglich der Entschädigungsfrage bewendet es bei den Bestimmungen des Gesetzes vom 31. Mai 1865, mit der Maßgabe, daß die Festsetzung der Entschädigungen nach den Bestimmungen des § 5 des Entwurfes erfolgt. Gleichartige Bestimmungen enthalten die Fischereigesetze Preußens, Badens und Hessens."

Vgl. Vorlage Nr. 8 S. 24. 25.

Die Fassung des Gesetzes weicht im zweiten Absatz von derjenigen des Entwurfs in zweifacher Richtung ab. Nach dem Entwurfe konnte die Herstellung nicht nur im öffentlichen Interesse, sondern auch auf Antrag der im oberen oder unteren Theile des Wasserlaufs Fischereiberechtigten angeordnet werden. Ferner sollte die Entschädigungspflicht für den durch die Herstellung von Fischwegen in bereits bestehenden baulichen Anlagen erwachsenden Schaden dem Unternehmer obliegen. Beide dem preußischen und badischen Fischereigesetze entnommenen Bestimmungen fanden nicht den Beifall der Kommission. Erstere wurde gestrichen, letztere in der Weise abgeändert, daß die Landeskasse für den Schaden ersatzpflichtig sein soll, vorbehaltlich der Heranziehung der interessirten Fischereiberechtigten.

Der Kommissionsbericht bemerkt zu den beiden Punkten das Folgende:

„Zu § 27 wurden im Schoße der Kommission Zweifel über die Erfolge und die Wirksamkeit der Fischleitern ausgesprochen. Demgegenüber bemerkte der Vertreter der Regierung, daß in sachverständigen Kreisen und namentlich seitens der Fischereivereine den Fischleitern bezüglich der Wanderfische große Bedeutung beigemessen werde. Sämmtliche neueren Fischereigesetze enthielten derartige Bestimmungen, auch das Gesetz vom 31. Mai 1865 habe sich schon damit beschäftigt. Nach diesen Erläuterungen glaubte die Kommission dem ersten Absatze des § 27, welcher von der Anbringung von Fischwegen in neu zu errichtenden Anlagen handelt, zustimmen zu sollen. Was dagegen die Anbringung derartiger Fischwege in schon bestehenden Anlagen betrifft, so war die Kommission der Ansicht, daß die Duldung derselben auf diejenigen Fälle zu beschränken sei, in welchen das öffentliche Interesse die Herstellung erheischt. Es gehe zu weit und würde zu zahlreichen Beschwerden und Rechtsstreiten Anlaß geben, wenn den Fischereiberechtigten ein Anspruch auf Anbringung solcher Vorrichtungen eingeräumt werde. Auch könne den Wehrbesitzern nicht wohl zugemuthet werden, rücksichtlich etwaigen Schadenersatzes sich auf den Weg des Rechtsstreites mit Privaten verweisen zu lassen. Es erscheine angemessen, daß den Wehrbesitzern gegenüber für den erwachsenden Schaden die Landeskasse aufkomme. Wenn mit dem öffentlichen Interesse ein solches von Privaten konkurrire, könne die Landesverwaltung die Herstellung von einer Beitragsleistung der interessirten Fischereiberechtigten abhängig machen."

3. Wegen der Genehmigung von Wehren, Schleusen u. s. w. vgl. § 1 ff. des Gesetzes betr. Wasserbenutzung und Wasserschutz vom 2. Juli 1891 (Gesetzblatt S. 82).

§ 28.

[1] Der Fischfang unter Anwendung explodirender oder schädlicher Stoffe ist verboten.[2 3]

1. Der Art. 25 des Gesetzes vom 15. April 1829 hatte das Einwerfen von Arznei- oder Lockmitteln, welche geeignet sind, Fische zu tödten oder zu betäuben, unter Strafe gestellt, ohne Rücksicht, ob dies zum Zwecke des Fischfanges oder aus sonstigen Gründen geschah. Der vorstehende Paragraph handelt nur von der Anwendung derartiger Stoffe bei Ausübung des Fischfanges. Das Einwerfen solcher Stoffe, ohne daß dabei der Zweck des Fischfanges verfolgt wird, ist in § 47 behandelt. (Vgl. S. 67.)

2. Die Bestimmung des Paragraphen entspricht dem Art. 4 Ziff. 1 der Luzerner Uebereinkunft (S. 123).

Zu den schädlichen Stoffen, welche angewendet zu werden pflegen, sind außer den in der Luzerner Uebereinkunft aufgeführten zu rechnen: ungelöschter Kalk, Fenchelkörner, Kokelskörner, Krähenaugen, letztere, weil strychninhaltig. Auch das R.-St.-G.-B. stellt die Anwendung derartiger Stoffe, jedoch nur hinsichtlich der unberechtigt Fischenden oder Krebsenden unter Strafe. (Vgl. Anm. 2 zu § 41 S. 63.)

Ob ein Stoff unter den Begriff des explodirenden oder schädlichen fällt, ist im einzelnen Fall zu unterscheiden und wird, wenn Zweifel obwalten, durch Sachverständige festzustellen sein: in der Regel wird die Notorietät ausreichen.

Vgl. deswegen auch die verschiedenen Kommentare zum R.-St.-G.-B.

3. Wegen der Strafbestimmungen vgl. §§ 45 Abs. 2, 47 u. 48 (S. 65 u. 67).

§ 29.

Es ist verboten, in die Wasserläufe aller Art Stoffe von solcher Beschaffenheit und Menge einzuwerfen, einzuleiten oder einfließen zu lassen, daß dadurch dem Fischbestande Schaden erwächst oder die Fische vertrieben werden.[1]

Das Ministerium[2] bestimmt allgemein, welche Maßregeln bei Ableitung der den Fischen schädlichen Stoffe und Abfälle aus Fabriken und sonstigen gewerblichen und landwirthschaftlichen Betrieben zu beobachten sind. Die erforderlichen Anordnungen im einzelnen Falle erlassen die Bezirkspräsidenten.

Die Bezirkspräsidenten haben ferner zu beschließen über die Dauer des Röstens des Leins und Hanfs und die Bezeichnung derjenigen Wasserläufe und Orte, an welchen diese Arbeit mit dem geringsten Nachtheil für die Fische stattfinden kann.[3 4 5 6]

1. Der Absatz 1 des Paragraphen schließt sich an den § 10 der Verordnung vom 24. Dezember 1876, betreffend die Fischerei im Rhein (Gesetzblatt 1877 S. 2) und den Art. 10 der Luzerner Uebereinkunft an (S. 126). Ob die Voraussetzungen einer schädigenden Einwirkung gegeben sind, ist Thatfrage im einzelnen Fall. Grundsätze über Art und Maß der Schädlichkeit können bei der außerordentlichen Mannigfaltigkeit der Fälle im Gesetze nicht aufgestellt werden, sind vielmehr den Ausführungsbestimmungen vorzubehalten. Die vertragschließenden Staaten der oberrheinischen Fischereikonvention (Luzerner Uebereinkunft) haben sich über solche Grundsätze geeinigt, welche in Baden und der Schweiz eingeführt sind und auch für Elsaß-Lothringen schon bisher durch eine Ministerialbekanntmachung vom 9. August 1886 (Central- und Bezirksamtsblatt S. 167) als maßgebend erklärt waren. Vgl. auch S. 68.

2. Wegen der jetzt geltenden Bestimmungen: vgl. Bekanntmachung vom 27. Juli 1892 betr. die Verunreinigung von Wasserläufen mit Fischbestand (Central- und Bezirksamtsblatt A S. 348) S. 107.

3. Die Absätze 2 und 3 des § 29 sind abweichend vom Entwurfe entsprechend dem Kommissionsbeschlusse in zweiter Lesung aufgenommen worden. Der Entwurf lautete wie folgt:

„Die Bezirkspräsidenten haben auf Gutachten des Gesundheitsraths Beschluß zu fassen über

1. die Dauer des Röstens des Leins und Hanfs und die Bezeichnung derjenigen Wasserläufe und Orte, an welchen diese Arbeit mit dem geringsten Nachtheil für die Fische stattfinden kann;
2. die Maßregeln, welche bei Ableitung von den Fischen schädlichen Stoffen und Abfällen aus Fabriken und sonstigen gewerblichen und landwirthschaftlichen Betrieben zu beobachten sind."

Diese Fassung war dem § 17 der Verordnung vom 12. Februar 1883, betreffend die Fischereipolizei (Gesetzblatt S. 5), entnommen. Der Kommissionsbericht bemerkt zu dem Paragraphen das Folgende:

„Die Frage der Verunreinigung der Fischwasser wurde einer eingehenden Erörterung unterzogen. Es wurde allseits anerkannt und an Beispielen aus der Erfahrung nachgewiesen, daß die Fische durch Abwasser und sonstige schädliche Stoffe, welche aus Fabriken, gewerblichen und landwirthschaftlichen Anlagen in die Wasserläufe einfließen, oft massenhaft der Vernichtung preisgegeben würden. Es sei daher mit allen Mitteln darauf hinzuwirken, daß diese Mißstände für die Folge thunlichst beseitigt würden. Der Vertreter der Regierung bemerkt, daß derartige Beschwerden auch zu amtlicher Kenntniß gekommen und zum Theil mit, zum Theil ohne Erfolg verfolgt worden seien. Das Verbot des Absatzes 1 sei schon in der Verordnung, betreffend die Fischerei im Rhein vom 24. Dezember 1876 enthalten gewesen und kehre auch in der Luzerner Uebereinkunft wieder. In der eben citirten Verordnung sei eine besondere Strafandrohung nicht enthalten gewesen. Der zweite Absatz, welcher aus der Verordnung vom 12. Februar 1883 (§ 17) übernommen sei, habe in das Feldstrafpolizeigesetz (§ 15) Aufnahme gefunden und sei dort dessen Uebertretung mit Geldstrafe bis zu 50 Mark bedroht. Der Entwurf sehe in § 45 für die Uebertretungen gegen Absatz 1 eine Strafe bis zu 100 Mark oder Haft bis zu 3 Wochen vor. Die Regierung sei der Ansicht, daß hierdurch Zuwiderhandlungen wirksamer entgegengetreten werden könne.

Ihre Kommission ist der Ansicht, daß bei der Frage der Verunreinigung der Fischwasser auf eine Mitwirkung der Kreis-Gesundheitsräthe im Interesse einer gleichmäßigen Behandlung der Frage zu verzichten sei. Auch empfehle es sich, daß die allgemeinen Maßregeln, welche bei Ableitung der den Fischen schädlichen Stoffe und Abfälle aus Fabriken 2c. zu beobachten sind, nicht von den Bezirkspräsidenten, sondern vom Ministerium erlassen würden. Ob für Zuwiderhandlungen nicht eine höhere Strafe anzudrohen sei, könne später erörtert werden (§ 45). Demgemäß schlägt die Kommission vor, den ersten Absatz des § 29 unverändert anzunehmen und den zweiten Absatz durch folgende beide Absätze zu ersetzen:"

Folgen Absatz 2 und 3 des Gesetzes.

4. Neben dem § 29 und unabhängig von demselben bieten eine Handhabe zum Einschreiten gegen schädliche Verunreinigungen von Wasserläufen:

1. der § 1 des Gesetzes vom 2. Juli 1891, betreffend Wasserbenutzung und Wasserschutz, Gesetzblatt S. 82;
2. die Bestimmungen der Gewerbeordnung über die Errichtung schädlicher, belästigender und gefährlicher Gewerbeanlagen und das hierfür vorgeschriebene Genehmigungsverfahren. (Gewerbeordnung § 16 ff., § 8 des Reichsgesetzes betr. Einführung der Gewerbeordnung in Elsaß-Lothringen vom 27. Februar 1888, Reichsgesetzblatt S. 57, und Verordnung, betr. die Einführung der Gewerbeordnung vom 24. Dezember 1888, Gesetzblatt S. 101).
3. Art. 9 und 12 der in den drei Bezirken im Jahre 1880 gleichlautend erlassenen Polizeiverordnungen für die weder schiff- noch flößbaren Wasserläufe. (Unter-Elsaß 8. Juli, Ober-Elsaß 12. Juli, Lothringen 18. Juli.) Veröffentlicht sind diese Verordnungen in den betreffenden Amtsblättern S. 150, 101, 147.

Siehe auch S. 70.

5. Wegen Verunreinigung der Fischwasser vgl. auch noch Borgmann, Die Fischerei im Walde. Berlin 1892. S. 114 ff.

6. Wegen der Strafbestimmungen vgl. §§ 45, 48 und Anm. 4 zu § 48. (S. 65, 67, 68.)

§ 30.

[1] Es ist verboten, Fischlaich und Fischbrut[2] wegzunehmen, zu zerstören oder zu beschädigen.[3]

1. Die Bestimmung bezweckt die Erhaltung und Schonung des Laiches und der Brut allgemein und in sämmtlichen Wasserläufen unabhängig von den Vorschriften über die im Besonderen zur Fortpflanzung der Fische dienenden Laich- oder Hegeplätze (vgl. §§ 37—39). Gleichartige Bestimmungen enthalten die badische und hessische Fischereigesetzgebung.

2. Unter Fischlaich sind die mittels einer klebrigen Masse zu Haufen, Schnüren u. s. w. vereinigten Eier der Fische zu verstehen, während als Fischbrut das dem Ei entschlüpfte junge Fischchen zu betrachten ist, solange es sich noch in der sogenannten Dottersackperiode befindet, bis es, abgesehen von der Größe, die äußere Vollgestalt eines Fisches seiner Art gewonnen hat. Vgl. auch Dr. Staudinger, Die Landesfischereiordnung für das Königreich Bayern. 1885. S. 98.

3. Wegen der Strafbestimmungen vgl. § 45 Abs. 1 und § 48 (S. 65 und S. 67).

§ 31.

Durch Verordnung des Ministeriums[1] werden bestimmt:[2]

1. die Jahres- und Tageszeiten, während welcher der Fang der verschiedenen Fischgattungen oder die Ausübung gewisser Fangarten, insbesondere die freie Angelfischerei (§ 1 Abs. 2) verboten ist;
2. die Art und Weise der Fischerei, welche als schädlich zu verbieten ist;
3. die Netze, Fischereigeräthe und Werkzeuge, welche als schädlich zu verbieten sind;
4. die Beschaffenheit der gestatteten Fanggeräthe, insbesondere die Größenverhältnisse der Maschen der Netze, sowie der Zwischenräume der Ruthen, Reusen, Körbe und sonstiger zum Fang der Fische verwendeten Geräthe;
5. die Art der Ausübung der freien Angelfischerei (§ 1 Abs. 2), insbesondere die Beschaffenheit der schwimmenden, in der Hand gehaltenen Angel;[3]
6. das Maß, unterhalb dessen bestimmte Fische nicht gefangen werden dürfen.

Die vorstehend bezeichneten Gegenstände können für einzelne Landestheile oder Wasserläufe verschieden geregelt werden.[4 5 6]

1. Im allgemeinen Theil der Begründung ist ausgeführt, daß die fischereipolizeilichen Bestimmungen nur zum Theil in das Gesetz selbst aufzunehmen, zum Theil auf den Verordnungsweg zu verweisen seien. Zu ersteren gehörten im Allgemeinen alle Vorschriften, welche bestimmt seien, der wilden Fischerei entgegenzutreten, ferner Verbote absolut verderblicher Fangmittel und Fangarten, endlich alle Beschränkungen, welche der Fischerei und dem Vertrieb der Fische während der verordneten Schonzeiten und zur Erhaltung der Fischbrut auferlegt werden müßten. Zu letzteren seien diejenigen Vorschriften zu rechnen, welche durch örtliche und klimatische Verhältnisse, oft auch durch zuvorige internationale Vereinbarungen bedingt seien, oder solche Bestimmungen, welche in Folge fortschreitender Technik oder in Rücksicht wissenschaftlicher oder praktischer Erfahrungen voraussichtlich in kürzerer Zeit der Nothwendigkeit einer Abänderung unterworfen sein könnten und daher zweckmäßig nicht im Gesetze festgelegt würden. Mit Beziehung hierauf bemerkt die Begründung des Entwurfes zu dem Paragraphen im Einzelnen, was folgt:

„Wie im allgemeinen Theil ausgeführt ist, können nicht alle einzelnen Bestimmungen zum Schutze der Fischerei in das Gesetz aufgenommen werden, sind vielmehr auf den Weg der Verordnung zu verweisen. Der § 31 überträgt es dem Ministerium, eine Reihe solcher fischereipolizeilicher Bestimmungen, insbesondere rücksichtlich der Schonzeiten, Fanggeräthe und Mindestmaße der Fische, auf dem Verordnungswege zu erlassen. Im Wesentlichen sind es dieselben Punkte, welche der Art. 26 des Gesetzes vom 15. April 1829 auf den Weg der Regelung durch Kaiserliche Verordnung verwiesen hat. Die Festsetzung der Schonreviere, welche nach dem Gesetz vom 31. Mai 1865 gleichfalls durch Kaiserliches Dekret zu erfolgen hatte, ist durch Gesetz vom 24. Dezember 1876, betreffend die Festsetzung der Fischereischonstrecken, dem Oberpräsidenten (Ministerium) übertragen worden. Die Gründe, welche diese Delegation veranlaßten, rechtfertigen es, daß auch die Bestimmungen über Schonzeiten, Fanggeräthe und Mindestmaße, welche wechselnder Natur und zum Theil durch internationale Vereinbarung vorgeschrieben sind, vom Ministerium erlassen werden.

Nach Ziffer 1 soll es zuläßig sein, nicht nur den Fang gewisser Fischgattungen, sondern auch die Ausübung gewisser an und für sich zuläßiger Fangarten in gewissen Zeiträumen zu verbieten. So enthält z. B. der Berliner Vertrag zwischen Deutschland, den Niederlanden und der Schweiz vom 30. Juni 1885, betreffend die Regelung der Lachsfischerei im Stromgebiete des Rheins, in Artikel III die Bestimmung, daß im Rhein und allen Nebenflüssen jede Lachsfischerei mit Zegensbetrieb alljährlich auf die Dauer von zwei Monaten verboten sein soll. Dem Erlaß einer gleichartigen Bestimmung wird sich auch Elsaß-Lothringen nicht entziehen können (cfr. Badische Vollzugsverordnung vom 3. Februar 1888 § 34). Für Elsaß-Lothringen wird sich ferner voraussichtlich die Nothwendigkeit ergeben, die Ausübung der freien Angelfischerei (§ 1 Abs. 2) alljährlich für den Zeitraum von einigen Wochen zu untersagen. Ein solches Verbot war bisher deshalb nicht nöthig, da nach der Verordnung vom 12. Februar 1883 § 1 Abs. 3, beziehungsweise den im Vollzuge derselben erlassenen bezirkspolizeilichen Verordnungen diese Art der Fischerei während der Winterschonzeit (20. Oktober bis 31. Januar) und Frühjahrsschonzeit 1. April bis 15. Juni) ohnedies ruhen mußte. Mit Rücksicht auf den in Aussicht genommenen Uebergang vom System der absoluten Schonzeit zur Individualschonzeit wird sich aber ein solches Verbot als Nothwendigkeit erweisen, um die Fische während der Laichzeit wenigstens einigermaßen vor Störung zu schützen.

Der Entwurf enthält ferner die Bestimmung, daß die Beschaffenheit der nach § 1 Abs. 2 gestatteten schwimmenden, in der Hand gehaltenen Angel auf dem Verordnungswege bestimmt werden kann. Daß eine derartige Reglementirung, um Ausschreitungen vorzubeugen, nothwendig ist, wird nicht bestritten."

Vgl. Vorlage Nr. 8 S. 25 ff.

Die Frage, ob die in § 31 bezeichneten fischereipolizeilichen Materien nicht besser durch das Gesetz selbst geregelt würden, kam während der Berathung des Gesetzentwurfs noch zweimal zur Sprache. Einer desfallsigen in der Kommission gegebenen Anregung gegenüber wurde darauf hingewiesen, daß der Entwurf insofern eine Neuerung nicht erführe, als auch nach Art. 26 des französischen Fischereigesetzes vom 15. April 1829 der Erlaß der in § 31 berührten fischereipolizeilichen Bestimmungen auf den Verordnungsweg verwiesen sei. Zu einer nochmaligen Erörterung gab in zweiter Lesung eine Petition des Vereins Elsässischer Berufsfischer Anlaß, welche, von der irrigen Annahme ausgehend, in Baden sei die Materie durch das Gesetz selbst geregelt, für Elsaß-Lothringen die gleichartige Regelung beanspruchte. (Sitzungsberichte S. 563, 582 und 583.)

2. Die einzelnen Punkte des Paragraphen sind im Wesentlichen dem Art. 26 des Gesetzes vom 15. April 1829 nachgebildet. Eine Neuerung besteht in der Zulässigkeit der Einführung eines zeitweisen Verbotes der freien Angelfischerei und der Reglementirung der Art und Weise der Ausübung dieser Fischerei. Die Gründe, welche diese Neuerung veranlaßten, sind bei § 1 des Gesetzes eingehend erläutert.

3. Die Ziffer 5 erhielt auf Vorschlag der Kommission durch Einfügung der Worte „die Art der Ausübung der freien Angelfischerei, insbesondere" dem Entwurfe gegenüber eine Fassung, durch welche klar gestellt werden soll, daß auch rücksichtlich der Beköderung der Angel polizeiliche Vorschriften zulässig sein sollen.

4. Neu hinzugesetzt wurde, dem Kommissionsantrag entprechend, der zweite Absatz des Paragraphen. Durch denselben soll zum Ausdruck gebracht werden, daß im Bedürfnißfalle die verschiedenen Punkte für einzelne Landestheile oder Wasserläufe verschieden geregelt werden können, um besonderen örtlichen oder klimatischen Verhältnissen Rechnung zu tragen.

5. Vgl. das Nähere in der Verordnung betreffend die Fischerei vom 28. April 1892. (S. 74.)

6. Wegen der Strafbestimmungen vgl. §§ 41 Ziff. 1, 45 Abs. 1 u. 48. (S. 61, 65 u. 67.)

§ 32.

Gelangen Fische, welche nicht das vorgeschriebene Maß haben (§ 31 Ziff. 6), oder welche zu der betreffenden Zeit nicht gefangen werden dürfen (§ 31 Ziff. 1), in die Gewalt des Fischers, so sind dieselben sofort wieder in das Wasser zu setzen.[1 2]

1. Die Bestimmung ist eine nothwendige Konsequenz der Vorschriften über Schonzeiten und Mindestmaße einerseits, und des absoluten Verkehrs- und Marktverbotes hinsichtlich der der Schonung unterliegenden, sowie der untermäßigen Fische andrerseits. Die Bestimmung ist auch in den Artikeln 5 und 6 der Luzerner Uebereinkunft enthalten (S. 124) und ebenso in das Badische Fischereigesetz aufgenommen. Die Ausführung der Bestimmung wird bei der gewerbsmäßigen Fischerei, insbesondere insoweit Netze in Anwendung kommen, besonderen Schwierigkeiten nicht begegnen. Bei der Angelfischerei können allerdings Verletzungen vorkommen, an welchen der dem Wasser wieder übergebene Fisch zu Grunde geht. Immerhin wird der Fischer, welcher die Angelfischerei als Beruf oder Sport treibt, mit thunlichster Schonung zu Werke gehen und bei der sogenannten freien Angelfischerei, bei welcher eine Zuwiderhandlung gegen die Vorschrift oder eine schonungslose Behandlung der Fische allerdings näher liegen mag, kommen in der Hauptsache doch nur Fische in Frage, welche einer Individualschonzeit nicht unterliegen und für welche Mindestmaße nicht festgesetzt sind.

2. Wegen der Strafbestimmungen vgl. § 44 Ziff. 1 und § 48. (S. 65 und S. 67.)

§ 33.

[1] Fische, welche nicht das vorgeschriebene Maß haben, oder deren Fang zu einer bestimmten Zeit verboten ist, dürfen im ersten Falle überhaupt nicht, im andern Falle nicht innerhalb dieser Zeit, mit Ausschluß der drei ersten Tage, feilgeboten, verkauft, umhergetragen oder versendet werden.[2]

Den Wirthen und Händlern ist auch der Ankauf derartiger Fische verboten.[3]

Unter gleicher Voraussetzung ist die Verabreichung solcher Fische in Wirthschaften, Gasthäusern und ähnlichen Gewerbelokalen verboten.

Das Verbot findet auf Laich und Brut aller Arten von Fischen zu allen Zeiten Anwendung.

Desgleichen findet das Verbot Anwendung auf Fische, Laich und Brut, welche aus Gewässern herrühren, die in Privateigenthum stehen (§ 6).[4]

Die Eigenthümer von Fischteichen sind jedoch im Falle der Abfischung von dem Verbote befreit, wenn sie vor der Abfischung der Ortsbehörde Anzeige erstatten.[5 6]

1. Die allgemeine Begründung enthält zu der in dem Paragraphen behandelten Materie Folgendes:

„Die Vorschriften über Mindestmaße und Schonzeiten entbehren ihrer vollen Wirksamkeit, wenn ihnen nicht das Verbot ergänzend zur Seite tritt, daß untermäßige Fische überhaupt nicht und Fische, welche einer Schonzeit unterworfen sind, während dieser Zeit nicht in den Verkehr gebracht werden dürfen. Desfallsige Bestimmungen enthalten der Art. 30 des Gesetzes vom 15. April 1829 und Art. 5 des Gesetzes vom 31. Mai 1865, jedoch mit der Maßgabe, daß dieselben auf Fische, welche aus Teichen, Gräben, Kanälen und Behältern, welche Privaten gehören, herrühren, keine Anwendung finden. Diese Ausnahme hat verschiedene Uebelstände im Gefolge gehabt, welche auch durch die Einführung von Ursprungszeugnissen (Dekret vom 25. Januar 1868 Art. 4) nicht beseitigt wurden. Soll die Durchführung der Schonzeitvorschriften wirksam erfolgen, so giebt es keinen anderen Weg, als daß mit diesen Vorschriften das absolute Marktverbot Hand in Hand geht. Dieses System ist in den Gesetzen über Fischerei in Hessen, Sachsen, Bayern und Baden in Aufnahme gekommen und soll auch in das zu erlassende Gesetz für Elsaß-Lothringen aufgenommen werden (§ 33). Das absolute Marktverbot wird zu Gunsten der Consumenten sowohl als der Fischer insofern eine Milderung erfahren, als die Absicht besteht, von der absoluten Schonzeit zu der Individualschonzeit überzugehen, so daß das Verbot immer nur auf die jeweils geschonte Fischgattung stattfindet, während, wie der Fang, so auch der Verkauf der anderen Gattungen freigegeben ist."

Vgl. Vorlage N. 8 S. 18.

2. Im Einzelnen ist zu bemerken: Aehnlich wie bezüglich des Wildes das Jagdpolizeigesetz eine gewisse freie Zeit nach Beginn der Schonzeit zuläßt, ist dies auch bezüglich der Fische der Fall. Im Anschlusse an Art. 9 der Luzerner Uebereinkunft (S. 125) ist ein Zeitraum von drei Tagen angenommen worden.

3. Während das Feilbieten, Verkaufen u. s. w. verbotswidrig gefangener Fische allgemein verboten ist, soll der Ankauf nur Wirthen und Händlern untersagt sein, da der Ankauf zum Zwecke der Wiederveräußerung in rohem oder zubereitetem Zustande stattfindet und bei ihnen die Kenntniß der gesetzlichen Vorschriften über Schonzeiten und Mindestmaße als bekannt vorausgesetzt werden muß, während diese Kenntniß von Privatpersonen, Hausfrauen, Bedienfteten u. s. w. nicht in dem Maaße verlangt werden kann.

4. Das Verbot ist — abgesehen von den Bestimmungen im Absatz 6 und den Ausnahmsbestimmungen des folgenden Paragraphen — ein absolutes. Es erstreckt sich auf alle Fische der einer Schonzeit unterworfenen Gattung, mögen die Fische vor oder während der Schonzeit gefangen sein, mögen dieselben aus Privatteichen oder Behältern (§ 6), die an sich den gesetzlichen Vorschriften nicht unterstehen, oder aus sonstigen Wasserläufen herstammen; auch Fische, welche von außerhalb des Landes herbezogen werden, sind in dem Verbote inbegriffen. Wegen der Krebse vgl. Anm. 4 zu Art. 3 der Fischereiverordnung (S. 76) und wegen der Frösche vgl. Anm. zu Art. 9 daselbst (S. 78).

5. Der letzte Absatz des Paragraphen war in dem Entwurf nicht enthalten, wurde vielmehr in zweiter Lesung auf Vorschlag der Kommission aufgenommen. In der Kommissionsberathung war bemerkt worden, daß das absolute Verkehrsverbot in den Gegenden, in welchen Teichwirthschaft getrieben werde, diesem Betriebe hinderlich sei und die Besitzer schädigen könne. Die Teiche müßten periodisch auch in der Schonzeit abgelassen und trocken gelegt werden, was solle nun mit den Fischen, die gerade einer Schonzeit unterliegen, geschehen, wenn deren Transport und deren Veräußerung untersagt sei. Es empfehle sich daher, für diese Fälle eine Ausnahmebestimmung in das Gesetz aufzunehmen, welche, wie es im Kommissionsbericht heißt, dem ausgesprochenen Wunsch „unter den erforderlichen Kontrolmaßregeln“ Rechnung trägt. Der Wortlaut der Bestimmung selbst spricht nur von der vorgängigen Anzeige bei der Ortsbehörde, nach der Begründung im Kommissionsbericht und der Erklärung des Regierungsvertreters bei der zweiten Lesung kann jedoch ein Zweifel darüber, daß Kontrolmaßregeln zuläßig sind, nicht bestehen. (Vergl. Sitzungsberichte S. 563, 584.)

Vgl. Ausführungsverordnung Art 4 (S. 88).

6. Wegen der Strafbestimmungen vgl. § 44 Ziff. 1 und § 48 (S. 65 und S. 67).

§ 34.

Die Bestimmungen der §§ 32, 33 finden auf die Erzeugnisse der Landesfischzuchtanstalt keine Anwendung.

In einzelnen Fällen kann die Landesverwaltung, namentlich im Interesse wissenschaftlicher Bestrebungen oder der Fischzucht, Ausnahmen von diesen Bestimmungen gestatten.

Die Ausnahmebestimmungen dieses Paragraphen bedürfen keiner näheren Begründung. Zuständig ist im Falle des Abs. 2 das Ministerium. Vgl. auch Art. 20 Abs. 2 der Fischerei-Verordnung (S. 85.)

§ 35.

Der Bemannung von Schiffen und Fahrzeugen, welche auf den in § 1 bezeichneten Wasserläufen verkehren, ist es verboten, in ihren Schiffen und Fahrzeugen Fischfanggeräthe mit sich zu führen. Diese Beschränkung erstreckt sich nicht auf Geräthe in verpacktem Zustand, welche nachweislich zum Zwecke des Transportes aufgenommen sind.[1 2]

1. Dieser Paragraph giebt die Bestimmung in Art. 33 des Gesetzes vom 15. April 1829 wieder. Der Grund des Verbots, sowie der im zweiten Satze enthaltenen Ausnahme von demselben, ist klar.

2. Wegen der Strafbestimmungen vgl. § 44 Ziff. 2 und § 48 (S. 65 und S. 67).

§ 36.

Die ohne Beisein des Fischers zum Fischfang ausliegenden Fischerfahrzeuge, Kähne, Nachen und Fischkästen müssen mit einem Kennzeichen versehen sein, durch welches die Person des Fischers ermittelt werden kann.[1] Die Art der Kennzeichnung wird durch Verordnung des Bezirkspräsidenten bestimmt,[2] soweit nicht für genossenschaftliche Fischereigebiete in dem Statut der Genossenschaft Bestimmung darüber getroffen ist.[3 4]

1. Nach der Begründung bezweckt der Paragraph die Erleichterung der Feststellung von Fischereiübertretungen und der Identität des Thäters. Gleichzeitig ist aber durch die Bestimmung auch ein größerer Schutz für das Eigenthum des Fischers gewährt.

2. Es sind erlassen worden:
   a) für Lothringen: Verordnung vom 29. Juni 1892 betr. die Anbringung von Kennzeichen an den dem Fischfange dienenden Fischerfahrzeugen, Kähnen, Nachen und Fischkästen (Centr.- u. Bez.-Amtsbl. A S. 333) S. 113;
   b) für Unter-Elsaß: Verordnung vom 12. Juli 1892 betr. die Kennzeichnung der Fischerfahrzeuge (Centr.- u. Bez.-Amtsbl. A S. 336) S. 114;
   c) für Ober-Elsaß: Polizeiverordnung vom 23. Juli 1892 (Centr.- u. Bez.-Amtsbl. S. 345) S. 115.

3. Vgl. Musterstatut Art. 14 Ziff. 8 S. 133.

4. Wegen der Strafbestimmung vgl. § 41 Ziff. 2 (S. 61).

§ 37.

Die Strecken der Wasserläufe, welche als Laich- und Hegeplätze für die Fortpflanzung der Fische zu dienen haben, werden durch das Ministerium bestimmt, und zwar hinsichtlich der nicht schiff- oder flößbaren Wasserläufe nach Anhörung der Ufereigenthümer.[1]

In Laich- und Hegeplätzen ist jede Art des Fischfangs untersagt, welche nicht für Zwecke der Schonung oder andere gemeinnützige oder wirthschaftliche Zwecke von der Aufsichtsbehörde angeordnet oder gestattet wird.[2 3 4]

1. Der Paragraph enthält im Wesentlichen die Bestimmungen des Art. 1 Ziff. 1 des Gesetzes vom 31. Mai 1865. Auf Vorschlag der Kommission wurde aus Billigkeitsrücksichten der Zusatz beigefügt, daß bei nicht schiff- und flößbaren Wasserläufen die Ufereigenthümer anzuhören seien. Zuständig zur Erklärung der Strecke eines Wasserlaufes als Laich- und Hegeplatz war nach dem Gesetze vom 24. Dezember 1876 betr. die Festsetzung der Fischereischonstrecken in Verbindung mit § 3 des Gesetzes vom 4. Juli 1879 schon bisher das Ministerium.

2. Ein unbedingtes Verbot auszusprechen, wie dies Art. 1 des genannten Gesetzes thut, schien unzweckmäßig, da unter Umständen die Beseitigung einzelner Fischgattungen, namentlich von Raubfischen nothwendig werden kann. Vgl. Vorlage Nr. 8 S. 27.

3. Aufsichtsbehörde im Sinne des Absatzes 2 des Paragraphen ist der zuständige Wasser- oder Meliorationsbauinspektor. (Vgl. Art. 21 der Fischerei-Verordnung S. 85).

4. Wegen der Strafbestimmungen vgl. § 45 Abs. 1 und § 48 (S. 65 und S. 67).

§ 38.

Es ist verboten,[1] in die Laich- und Hegeplätze Enten, Gänse, Schwäne oder andere dem Fischlaich schädliche Wasservögel[2] zu setzen oder auslaufen zu lassen oder in denselben ohne Genehmigung der Aufsichtsbehörde Arbeiten vorzunehmen, welche die Fortpflanzung der Fische gefährden; hierzu gehört namentlich die Wegnahme von Wasserpflanzen und das Ausführen von Steinen, Sand und Schlamm.[3]

1. Die Laich- und Hegeplätze (Schonreviere) würden ihre Zweckbestimmung nur unvollständig erreichen, wenn zwar die Ausübung der Fischerei in ihnen verboten, dagegen die Vornahme von Arbeiten, die Laich und Brut zu zerstören geeignet sind, gestattet wäre. Dadurch, daß

die Aufsichtsbehörde (Wasser- oder Meliorations-Bauinspektor) berechtigt ist, Ausnahmen zu gestatten, wird etwaigen Interessen der Landeskultur und der Vorfluth Rechnung getragen. Vgl. Vorlage Nr. 8 S. 18.

Aus dem vorerwähnten Grunde muß auch die Zulassung zahmer Wasservögel zu den Laich- und Hegeplätzen möglichst verhindert werden. Bisher war die Zulassung dieser Wasservögel nur für die Zeit vom 1. Januar bis 15. Juni und vom 20. Oktober bis Ende Dezember jeden Jahres untersagt. Vgl. die Ministerialverordnungen vom 30. Oktober 1886 (Central- und Bezirksamtsblatt S. 239) und vom 21. Dezember 1891 (Central- und Bezirksamtsblatt S. 207). Die Ausdehnung des Verbotes auf das ganze Jahr schien mit Rücksicht auf die ruhigere Entwicklung der Fischbrut geboten.

2. Welche Wasservögel außer den besonders genannten dem Fischlaich schädlich sind, muß der Entscheidung des Einzelfalles vorbehalten bleiben.

3. Wegen der Strafbestimmungen vgl. § 45 Abs. 1 und § 48 (S. 65 und S. 67).

§ 39.

Die Bestimmung von Strecken nicht schiff- oder flößbarer Wasserläufe als Laich- und Hegeplätze kann nur für einen fünf Jahre nicht übersteigenden Zeitraum ausgesprochen werden; die Bestimmung kann jedoch nach Anhörung der Ufereigenthümer erneuert werden.[1]

Die den Berechtigten wegen Beschränkung ihrer Nutzungsrechte zustehenden Entschädigungen werden nach den Bestimmungen des § 5 festgesetzt.[2]

1. Da in den schiff- und flößbaren Wasserläufen die Fischerei dem Staate zusteht (§ 1), so war die Aufnahme einer Bestimmung über die Zeitdauer, während welcher gewisse Strecken dieser Wasserläufe als Laich- und Hegeplätze verwendet werden sollen, überflüssig. Bei den nicht schiff- und flößbaren Wasserläufen, in denen die Fischerei den Ufereigenthümern zusteht, scheint es jedoch angemessen, die Länge der Zeit bestimmt zu begrenzen, während welcher eine Strecke als Laich- oder Hegeplatz verwendet werden soll. Entsprechend dem Art. 2 des Gesetzes vom 31. Mai 1865 ist als längste Dauer der Zeitraum von 5 Jahren bestimmt worden.

Auf Anregung der Kommission wurde auch hier aus Billigkeitsrücksichten der Zusatz aufgenommen, daß die Verlängerung nur nach Anhörung der Ufereigenthümer statthaft sei. Vgl. Anm. 1 zu § 37.

2. Während Art. 3 des Gesetzes vom 31. Mai 1865 nur den Ufereigenthümern wegen Beschränkung des Fischereirechtes einen vor dem Präfekturrath verfolgbaren Anspruch auf Entschädigung gewährte, hat nunmehr jeder Nutzungsberechtigte d. h. also nicht

allein der Fischereiberechtigte, sondern auch derjenige, dem an der betreffenden Strecke des Wasserlaufes irgend ein anderes Nutzungsrecht zusteht, einen durch gerichtliche Klage geschützten Entschädigungsanspruch (vgl. § 5).

§ 40.

Die mit der Beaufsichtigung der Fischerei betrauten Beamten sind befugt, die beim Fischfang im Gebrauch befindlichen oder in Fischereifahrzeugen vorhandenen Fanggeräthe, sowie die gefangenen Fische am Orte des Fanges und in den Fischbehältern einer Untersuchung zu unterziehen.[1] Zu dem Zweck haben die Fischer auf die durch Anruf[2] erfolgte Aufforderung der Aufsichtsbeamten ihre Fahrzeuge herbeizuführen und die ihnen gehörigen Behältnisse, Schuppen, Fischkästen und sonstigen zur Aufbewahrung der Fische dienenden Vorrichtungen zu öffnen.[3]

1. Der Paragraph enthält eine rein polizeiliche Anordnung. Die Vorschriften der §§ 94—111 St.-P.-O., welche die Beschlagnahme und Durchsuchung regeln, werden durch denselben nicht berührt.

2. Die Aufforderung an den Fischer muß durch Anruf erfolgen. Nach dem Kommissionsbericht soll durch diese Bestimmung ausgeschlossen werden, daß die Fischer durch Anwendung von Instrumenten seitens der Aufsichtsbeamten oder in sonst unziemlicher Weise genöthigt werden, ihre Fahrzeuge auf große Entfernung herbeizuführen.

3. Wegen der Strafbestimmungen vgl. § 44 Ziff. 1 und § 48 (S. 65 u. S. 67).

Dritter Abschnitt.

Strafbestimmungen.[1] [2]

§ 41.

Mit Geldstrafe bis zu zwanzig Mark wird bestraft:

1. wer verbotene Fischereigeräthe unbefugt besitzt oder mit sich führt;
2. wer der Vorschrift des § 36 zuwider die daselbst bezeichneten Fahrzeuge oder Fischkästen ohne die vorgeschriebene Kennzeichnung auslegt.[3]

Neben der Geldstrafe kann auf Einziehung der Fischereigeräthe und Fischkästen erkannt werden.[4]

1. In der Begründung ist zu den Strafbestimmungen im Allgemeinen bemerkt:

„Aus Artikel II des Einführungsgesetzes zum Deutschen Strafgesetzbuche ergiebt sich für die Landesgesetzgebung die Befugniß, auf dem Gebiete des Fischereistrafrechts besondere Vorschriften zu erlassen. Soweit die Landesgesetzgebung von dieser Befugniß keinen Gebrauch macht, kommen die Bestimmungen des Strafgesetzbuches in Anwendung. Es ist dies selbstverständlich, und es erscheint daher überflüssig, eine desfallsige Bestimmung in das Gesetz aufzunehmen.

Derartige vom Strafgesetzbuch abweichende Vorschriften können sich beziehen auf Versuch, Theilnahme, Begünstigung, auf den Ausschluß der nach § 57 des Strafgesetzbuches zulässigen Strafermäßigungen, ferner auf die Aufstellung des Grundsatzes der Haftbarkeit für die von einem Andern verwirkte Geldstrafe.

Besondere Bestimmungen über den Versuch erscheinen bei der Fischerei im Ganzen gegenstandlos, da nicht nur das Fangen der Fische selbst, sondern alle darauf gerichteten Handlungen dem Begriff der Fischerei in der Regel entsprechen. Der unbefugte Besitz oder das Mitsichführen verbotener Fischereigeräthe, das den Charakter eines Versuchs an sich trägt, ist als selbstständige Uebertretung unter Strafe gestellt. Auch in Ansehung der Theilnahme und Begünstigung liegt ein Anlaß, abweichende Bestimmungen zu treffen, nicht vor. Mitthäterschaft und Anstiftung sind auch in Ansehung der Uebertretungen strafbar (St.-G.-B. §§ 47, 48). Die Beihülfe zu Fischereiübertretungen wird in der Regel eine selbstständige Strafhandlung nach dem Fischereigesetz darstellen.

Dagegen scheint es zweckmäßig, dem Vorgange des Feldpolizeistrafgesetzes folgend, bei der Gleichartigkeit der Voraussetzungen die nach § 57 Ziffer 3 des Strafgesetzbuches zulässigen Strafermäßigungen auszuschließen und die Gewalthaber, Pfleger, Dienstherrschaften für die durch Kinder, Pflegebefohlene oder Dienstboten begangenen strafbaren Handlungen haftbar, beziehungsweise deren unmittelbare Verurtheilung für zulässig zu erklären. Selbstverständlich tritt die Haftbarkeit nicht ein, wenn die betreffenden Personen nachweisen, daß sie die That nicht verhindern konnten, weil ihre Verantwortlichkeit darauf beruht, daß sie verpflichtet und in der Regel in der Lage sind, die Begehung der strafbaren Handlungen seitens der von ihnen abhängigen Personen zu verhüten. Es können ferner, sofern nicht eine selbstständige Schuld nachgewiesen wird, die Folgen nur vermögensrechtlich sein, d. h. es tritt eine Umwandlunng der Geldstrafe in Freiheitsstrafe nicht ein (§§ 49–51).

Abweichend von der Bestimmung des § 5 des Forststrafgesetzes, dagegen in Uebereinstimmung mit dem Feldpolizeistrafgesetz sollen bezüglich der Strafumwandlung allein die Regeln des Strafgesetzbuches (§ 29) gelten.

Mindestbeträge der Strafen sind in dem Entwurfe nicht vorgesehen, es hat sohin bei den allgemeinen Bestimmungen des Strafgesetzbuches sein Bewenden.

Seit Einführung der Strafprozeßordnung ist dem durch eine strafbare Handlung Verletzten die Befugniß, die Verurtheilung des Thäters zum Schadenersatz herbeizuführen, nur insoweit zugestanden, als die materiellen Strafgesetze die Zuerkennung eines Werthersatzes gestatten. Das Forststrafgesetz und das Feldpolizeistrafgesetz für Elsaß-Lothringen lassen einen Werthersatz (Buße) mit der Begründung zu, daß nach § 3 des Einführungsgesetzes zur Strafprozeßordnung für Forst- und Feldrügesachen ein besonderes Verfahren auf dem Wege der Landesgesetzgebung eingeführt werden kann. Diese Erwägung ist für Fischereipolizeisachen nicht zutreffend. Zudem würde eine derartige Bestimmung bezüglich der Fischerei praktisch bedeutungslos sein, da Fälle, in denen ein Werthersatz in Frage kommt, wohl nur bei unberechtigten Fischen vorkommen werden, das unberechtigte Fischen aber nicht nach dem vorliegenden Gesetze, sondern nach dem Strafgesetzbuch zu beurtheilen ist.

Ansprüche auf Werthersatz oder sonst vermögensrechtlicher Natur sind daher auf dem Wege des Civilprozesses geltend zu machen. Die bezüglichen Bestimmungen des Gesetzes vom 15. April 1829 (Art. 71, 73) fallen sonach fort.

2. Außer den Strafbestimmungen der folgenden Paragraphen sind noch in Kraft die des R.-St.-G.-B. wegen des unberechtigten Fischens, nämlich:

a) § 296. Wer zur Nachtzeit, bei Fackellicht oder unter Anwendung schädlicher oder explodirender Stoffe unberechtigt fischt oder krebst, wird mit Geldstrafe bis zu 600 Mk. oder mit Gefängniß bis zu 6 Monaten bestraft.

b) § 370. Mit Geldstrafe bis zu 150 Mk. oder mit Haft wird bestraft:

4. Wer unberechtigt fischt oder krebst.

3. Im Einzelnen ist zu § 41 zu bemerken, daß die in demselben angeführten Zuwiderhandlungen als Polizeiübertretungen leichterer Art nur mit einer geringen Geldstrafe geahndet werden.

4. Von der Aufnahme einer Bestimmung über die Einziehung der Fahrzeuge wurde abgesehen, weil es unbillig erschien, bei einer verhältnißmäßig unbedeutenden Zuwiderhandlung die Einziehung eines Nachens oder Kahns, dessen Werth das Strafmaximum übersteige, für zulässig zu erklären. Vgl. Anm. 2 zu § 53.

§ 42.

Mit Geldstrafe bis zu dreißig Mark wird bestraft:[1]

1. wer die Fischerei ausübt, ohne daß die vorgeschriebene Fischer- oder Angelkarte für ihn gelöst ist;[2]
2. wer seine Fischer- oder Angelkarte einem Andern zur Benutzung überläßt.[3] [4]

Tritt Bestrafung ein, so ist im Falle der Ziffer 1 die Gebühr für die Ausstellung der Karte nachzuzahlen und im Falle der Ziffer 2 die ertheilte Karte von der Behörde, welche sie ausgestellt hat, für ungiltig zu erklären und einzuziehen."[56]

1. Die in diesem Paragraphen behandelten Uebertretungen können sowohl von Personen begangen werden, die in dem Einzelfalle zur Ausübung der Fischerei berechtigt sind, als auch von solchen, die diese Berechtigung nicht haben.

2. Wird die unter Ziff. 1 angeführte Uebertretung von einem Nichtberechtigten begangen, so trifft dieselbe zusammen mit einem Vergehen nach § 296 R.-St.-G.-B. oder einer Uebertretung nach § 370.4 R.-St.-G.-B. Nach § 73 R.-St.-G.-B. kommen alsdann nur die Bestimmungen des R.-St.-G.-B. zur Anwendung.

3. Das bloße Ueberlassen einer Fischer- oder Angelkarte wird nicht als Beihülfe zu einem Vergehen nach § 296 R.-St.-G.-B. anzusehen sein, da diese Handlung sich nicht als Hülfeleistung durch Rath oder That zur Begehung des Vergehens des unberechtigten Fischens zur Nachtzeit u. s. w. darstellt.

4. Welche Strafe denjenigen trifft, der von der überlassenen Karte Gebrauch macht, wird im Einzelfalle zu entscheiden sein, je nachdem er von der Karte Dritten, namentlich den Fischereiaufsichtsbeamten gegenüber Gebrauch macht, je nachdem er zur Ausübung der Fischerei an der Stelle, wo er sie mit Benutzung der Karte ausübte, berechtigt war oder nicht, und je nachdem für ihn auch eine Karte ausgestellt war (§ 43) oder nicht.

5. Die Nachzahlung der Kartengebühr gewährt dem Verurtheilten keinen Anspruch auf Ausstellung einer Karte; die Ausstellung einer solchen kann ihm vielmehr nach § 24 verweigert werden. Die nachgezahlte Gebühr fließt in die Gemeindekasse des Wohn- oder Aufenthaltsortes des Verurtheilten (vgl. § 21 Abs. 4). Ist Verurtheilung eingetreten, so muß die Karte eingezogen werden. Die Einziehung ist nicht, wie in den Fällen des § 24, in das Belieben der Behörde gestellt.

6. Die Einziehung der nachträglich zu erhebenden Kartengebühr erfolgt gleichzeitig mit Einziehung der Geldstrafe durch die Enregistrementskasse, in derselben Weise, wie dies für die Einziehung der Jagdscheingebühr im Falle der Verurtheilung wegen Jagens ohne Jagdschein vorgeschrieben ist. (Vgl. Ministerialerlaß vom 6. Januar 1885 II A 13498/84, veröffentlicht in der Sammlung X S. 24, und die Ministerialerlasse an den Generaldirektor der Zölle u. s. w. vom 26. Januar 1885 III 258, an die Landgerichtspräsidenten und Ersten Staatsanwälte vom 4. Juli 1892 II A 2815 und an den Direktor der Zölle u. s. w. vom 16. Juli 1892 III A 2743, letztere Erlasse bisher nicht veröffentlicht.)

Bei Abführung der Beträge an die Gemeindekassen behalten die Enregistrementskassen gemäß Art. 16 des Etatsgesetzes für 1856 vom 5. Mai 1855 5 % als Verwaltungs- und Erhebungskosten zurück.

§ 43.

Mit Geldstrafe bis zu drei Mark wird bestraft, wer die Karte beim Fischen nicht bei sich führt.

Die Bestimmung entspricht § 15 des Jagdpolizeigesetzes; nur der Satz der Strafe ist niedriger.

§ 44.

Mit Geldstrafe bis zu sechzig Mark[1] wird bestraft:[2]

1. wer den Bestimmungen in den §§ 32, 33, 40 zuwiderhandelt;
2. wer dem Verbot in § 35 zuwiderhandelt;
3. Fischer, welche auf Aufforderung des Beamten sich weigern, verbotene Fanggeräthe oder verbotswidrig gefangene Fische herauszugeben;
4. wer beschlagnahmte und versteigerte Fische nochmals zum Verkauf aussetzt.[2]

1. Im Entwurf war für diese Uebertretungen wahlweise neben der Geldstrafe bis zu 60 M. noch Haft bis zu 14 Tagen angedroht. Da jedoch die Zulassung einer Freiheitsstrafe bei der erstmaligen Begehung einer an sich geringfügigen Zuwiderhandlung zu hart erschien, so wurde eine solche vom Landesausschuß nur für den Rückfall vorbehalten (vgl. § 48).

2. Auch nach der bisherigen Gesetzgebung waren die in Betracht kommenden Fälle strafbar. (Gesetze vom 15. April 1829 und 31. Mai 1865 a. versch. Orten.) Die Strafen wechselten zwischen 16 und 160 M. im Höchstbetrage.

§ 45.

[1]Mit Geldstrafe bis zu einhundertfünfzig Mark[2] wird bestraft, wer den Bestimmungen der §§ 26, 30, 38 oder den in Gemäßheit der §§ 31, 37 erlassenen Verordnungen oder den auf Grund des § 29 Abs. 2 und 3 erlassenen Anordnungen oder Beschlüssen zuwiderhandelt.

Mit der gleichen Strafe wird, sofern nicht die Bestimmungen des § 47 Platz greifen, bestraft, wer die in den §§ 28, 29 Abs. 1 bezeichneten Stoffe in Wasserläufe einwirft, einleitet oder einfließen läßt.[3]

1. Die in diesem Paragraphen behandelten Uebertretungen sind gegenüber denjenigen des § 44 etwas schwererer Art und geeignet, das Fischereiwesen empfindlicher, unter Umständen dauernd zu schädigen. Das

Strafmaximum ist deshalb höher gegriffen worden. In den bisherigen Gesetzen bewegten sich die Strafen für diese Zuwiderhandlungen in den Grenzen zwischen 40 und 240 M.

2. Während der Entwurf für diese Uebertretungen Geldstrafe bis zu 100 M. oder Haft bis zu drei Wochen vorsah, ging der Landesausschuß von denselben Erwägungen aus, wie bei § 44. In Folge dessen wurde die Androhung von Haft fallen gelassen, dagegen aber das höchste Maß der Geldstrafe auf 150 M. festgesetzt.

3. Absatz 2 wurde in der 3. Lesung zugesetzt; derselbe belegt mit der angedrohten Strafe jedes, selbst das versehentliche und fahrlässige, Einwerfen, Einleiten und Einfließenlassen von explodirenden und dem Fischbestande schädlichen Stoffen, auch wenn es nicht zum Zwecke der Ausübung des Fischfanges geschieht. (Vgl. dazu die Erklärung des Unterstaatssekretärs von Schraut in der 2. Lesung, Sitzungsberichte S. 587 ff.)

§ 46.

[1] Im Falle rechtskräftiger Verurtheilung wegen Zuwiderhandlung gegen die Bestimmungen des § 26 ist die Verwaltungsbehörde befugt, die Beseitigung der in dem Strafurtheil als gesetzwidrig bezeichneten Anlagen zu verlangen. Zu diesem Zwecke ist der Verurtheilte zunächst aufzufordern, innerhalb einer angemessenen, in keinem Falle unter der Dauer von 3 Monaten zu bemessenden Frist die Beseitigung zu bewirken. Nach fruchtlosem Ablauf dieser Frist ist die Verwaltungsbehörde befugt, die Beseitigung selbst zu veranlassen und die hierdurch entstehenden Kosten nach Maßgabe der für die Erhebung der direkten Steuern bestehenden Vorschriften von dem Verurtheilten beizutreiben.[2]

1. Dieser Paragraph regelt das Verfahren, das von der Verwaltungsbehörde einzuschlagen ist, um die Schädigung zu beseitigen, die der Fischerei im Allgemeinen zugefügt wird, wenn ein Fischereiberechtigter zu dem Zwecke, den Durchgang der Fische gänzlich zu verhindern, Fischwehren oder ständige Vorrichtungen oder Fanganlagen angebracht hat, und wegen Anbringung derselben rechtskräftig verurtheilt ist.

2. Die Aufforderung zur Beseitigung der als gesetzwidrig bezeichneten Anlagen erfolgt durch den Bezirkspräsidenten (vgl. Art. 6 der Ausführungs-Verordnung, S. 88). Die Aufforderung muß dem Verurtheilten kundgegeben werden. Die Kundgabe wird in der Regel mittels Zustellung durch Polizei- oder Gemeindebeamte erfolgen, kann aber auch durch die Post mittels eingeschriebenen Briefes u. dergl. erfolgen.

Gegen die Verfügung des Bezirkspräsidenten, welche die Aufforderung enthält, die Anlage zu beseitigen, ist nur Beschwerde an das Ministerium zuläßig. Anders in § 47 des Wassergesetzes. Etwaige Schadensersatzansprüche gegen die Verwaltung aus der Vornahme der Beseitigung sind auf dem Rechtswege geltend zu machen.

§ 47.

[1] Mit Geldstrafe bis zu dreihundert Mark oder mit Gefängniß bis zu drei Monaten wird bestraft:

1. wer dem Verbot in § 28 zuwiderhandelt;[2]
2. wer in böswilliger Absicht die in § 28 bezeichneten Stoffe in Wasserläufe einwirft, auch wenn dies nicht zum Zwecke des Fischens geschieht.[3 4 5]

1. Die beiden in diesem Paragraphen erwähnten Zuwiderhandlungen sind gemeingefährlicher Natur. Dieselben sind deshalb mit einer Vergehensstrafe belegt. Der Versuch ist nicht strafbar (§ 43 Abs. 2 R.-St.-G.-B.). Zuständig ist das Schöffengericht § 27 Ziff. 2 G.-V.-G.).

2. Das Vergehen nach Ziffer 1 kann nur der Fischereiberechtigte begehen. Für den Nichtberechtigten bestimmt § 296 R.-St.-G.-B. die Strafe. Vgl. Anm. 2 zu § 41.

3. Geschieht das Einwerfen der schädlichen und explodirenden Stoffe nicht zum Zwecke des Fischfanges, so wird im Allgemeinen, auch wenn die That mit Vorsatz ausgeführt worden ist, die Strafbestimmung des § 45 Abs. 2 Platz greifen. Nur wenn „böswillige Absicht" vorliegt, wird die Handlung zum Vergehen nach Ziffer 2 dieses Paragraphen. Böswillige Absicht liegt aber vor, wenn die Handlung eine vorsätzliche und wenn außerdem das Motiv zu derselben ein schlechtes, unlauteres, böses und der Zweck, welcher verfolgt wurde, ein gleicher war. Vgl. Erklärung des Regierungskommissars bei der 2. Lesung, Sitzungsberichte S. 589. Im Entwurf war jedes Einwerfen von schädlichen oder explodirenden Stoffen mit der Strafe dieses Paragraphen bedroht.

4. Nach einer Entscheidung des Reichsgerichts vom 18. September 1888, Entscheidungen in Strafsachen XVIII S. 85, ist das Hineinwerfen explodirender Stoffe in schiffbare Wasserläufe nach §§ 321, 325 und 326 R.-St.-G.-B. zu bestrafen, wenn dadurch das Fahrwasser gestört und Gefahr für das Leben und die Gesundheit Anderer herbeigeführt wird.

5. Vgl. auch Anm. 4 zu § 48, S. 68.

§ 48.

Ist in den Fällen der §§ 44, 45, 47 die strafbare Handlung zur Nachtzeit verübt worden, so kann die Strafe auf das Doppelte des Höchstbetrages erhöht werden.[1]

Das Gleiche gilt, wenn in den Fällen der §§ 44, 45, 47 Rückfall vorliegt.[2] In den Fällen der §§ 44, 45 kann im

Rückfalle statt der Geldstrafe Haft bis zu vier Wochen ausgesprochen werden.[3] Im Rückfalle befindet sich, wer, nachdem er wegen Zuwiderhandlung gegen die §§ 44, 45 oder 47 oder auf Grund des § 296 oder des § 370 Ziffer 4 des Strafgesetzbuchs rechtskräftig verurtheilt ist, innerhalb der nächsten zwei Jahre abermals eine Zuwiderhandlung gegen die §§ 44, 45 oder 47 begeht.[4]

1. Die nach § 45 strafbaren Handlungen sind, wenn sie zur Nachtzeit begangen werden, Vergehen. In diesem Falle ist also auch die Beihülfe zu denselben strafbar, nicht dagegen der Versuch. Die Strafverfolgung verjährt in 3 Jahren. Die geringste Geldstrafe beträgt 3 M. Vgl. auch Anm. 3 zu Art. 8 der Fischerei-Verordnung (S. 78).

2. Desgleichen sind die nach § 45 strafbaren Handlungen Vergehen, wenn Rückfall vorliegt. Auch dann ist die Beihülfe strafbar, nicht aber der Versuch. Ebenso beträgt die Verjährungsfrist für die Strafverfolgung 3 Jahre und die geringste Geldstrafe 3 M. Vgl. hierzu Anm. 1 zu § 44 und Anm. 2 zu § 45. Im Entwurf war als Höchstbetrag der Rückfallsstrafe das Doppelte des Höchstbetrages der Strafe der erstmaligen Zuwiderhandlung vorgesehen.

3. Daß wegen einer nach § 45 und § 48 Abs. 2 strafbaren Handlung auch auf Haft erkannt werden kann, hat auf ihre Eigenschaft als Vergehen keinen Einfluß. Auch im R.-St.-G.-B. ist z. B. für das Vergehen der Beleidigung Haft zugelassen.

Wichtig ist die Bestimmung für das Verfahren bei Umwandlung der nicht beizutreibenden Geldstrafe, da nach § 28 Abs. 2 R.-St.-G.-B. die Geldstrafe in Haft umgewandelt werden kann, obwohl ein Vergehen vorliegt.

4. Eine Uebersicht über die Bestimmungen wegen Bestrafung der Einleitung u. s. w. schädlicher Stoffe in Wasserläufe ergiebt sich aus folgender Zusammenstellung.

A. Nach dem Reichsstrafgesetzbuch wird bestraft:

1. Wer in schiffbaren Strömen, Flüssen und Kanälen das Fahrwasser (durch Hineinwerfen u. s. w. schädlicher oder explodirender Stoffe) vorsätzlich stört und durch diese Handlung Gefahr für das Leben oder die Gesundheit Anderer herbeiführt: §§ 321, 325, 326 R.-St.-G.-B.

Die Strafe beträgt 3 Monate bis 5 Jahre Gefängniß. Ist eine schwere Körperverletzung verursacht worden, so beträgt sie 1 bis 5 Jahre, ist der Tod eines Menschen verursacht worden, 5 bis 15 Jahre Zuchthaus, neben welchem Polizeiaufsicht zulässig ist. Bei fahrlässiger Begehung des Vergehens und Verursachung eines Schadens ist die Strafe 1 Tag bis 1 Jahr Gefängniß, bei fahrlässiger Begehung und Verursachung des Todes eines Menschen ein Monat bis 3 Jahre Gefängniß. Ob die That zur Nachtzeit oder im Rückfall geschehen ist, kommt nur bei der Strafzumessung in Betracht. Für jugendliche Thäter kommen die Strafausschließungs- und Strafmilderungsgründe der §§ 55, 56 und 57 R.-St.-G.-B. in Anwendung. Wegen Haftung für die Kosten und wegen etwaiger strafrechtlicher Verantwortlichkeit der Eltern oder der mit der Aufsicht über die jugendlichen Thäter betrauten Personen ist nichts besonderes bestimmt.

2. Wer in Gewässer jeder Art schädliche oder explodirende Stoffe einwirft u. s. w., um unter deren Anwendung unberechtigt zu fischen: § 296.

Die Strafe beträgt 3 bis 600 M. oder einen Tag bis 6 Monate Gefängniß. Wegen der Begehung der That zur Nachtzeit und im Rückfall, wegen der Behandlung der jugendlichen Thäter und der Haftbarkeit der Eltern u. s. w. für die Kosten gilt das unter A. 1 Gesagte. Wegen der strafrechtlichen Haftbarkeit der Eltern vgl. § 361 Ziff. 9 R.-St.-G.-B. und Anm. 1 zu § 50 des Fischereigesetzes.

B. Nach dem Fischereigesetz wird bestraft:

1. Wer unter Anwendung explodirender oder schädlicher Stoffe (berechtigt und in jedem Gewässer) den Fischfang ausübt: §§ 28 und 47 Ziff. 1.

Die Strafe beträgt 3 bis 300 M. oder 1 Tag bis 3 Monate Gefängniß. Wird die That zur Nachtzeit verübt, so beträgt die Strafe 3 bis 600 M. oder einen Tag bis 6 Monate Gefängniß, § 48 Abs. 1. Dasselbe gilt bei Rückfall im Sinne des § 48 Abs. 2. Eine Strafermäßigung für jugendliche Thäter im Alter von 12 bis 18 Jahren tritt nach § 49 nicht ein. Wegen Haftbarkeit für die Kosten und wegen der strafrechtlichen Haftbarkeit der Eltern u. s. w. gelten die Bestimmungen der §§ 50 und 51.

2. Wer in böswilliger Absicht (vgl. Anm. 3 zu § 47) explodirende oder schädliche Stoffe in Wasserläufe einwirft, auch wenn dies nicht zum Zwecke des Fischens geschieht: §§ 28 und 47 Ziff. 2. Die Folgen sind dieselben wie unter B. 1.

3. Wer explodirende oder schädliche Stoffe in Wasserläufe (auch ohne Fischbestand) einwirft, einleitet oder einfließen läßt: §§ 28 und 45 Abs. 2.

Die Strafe beträgt eine bis 150 Mark. Wird die That zur Nachtzeit verübt, so wird sie Vergehen. Die Strafe beträgt alsdann 3 bis 300 Mark; § 48 Abs. 1. Dasselbe gilt, wenn Rückfall vorliegt; § 48 Abs. 2. Bei Rückfall kann statt der Geldstrafe auf Haft von einem Tage bis vier Wochen erkannt werden. Vgl. die Anmerkungen 1, 2, 3 zu § 48. Wegen Wegfalls der Strafermäßigung für den jugendlichen Thäter und wegen der Haftbarkeit für Kosten u. s. w. gilt das unter B. 1 Gesagte.

4. Wer in Wasserläufe aller Art (auch ohne fischen zu wollen) Stoffe von solcher Beschaffenheit und Menge einwirft,

einleitet oder einfließen läßt, daß dadurch dem Fischbestande Schaden erwächst oder die Fische vertrieben werden: §§ 29 Abs. 1 und 45 Abs. 2.

Die Folgen sind dieselben, wie unter B. 3.

5. Wer den Anordnungen der Bezirkspräsidenten wegen der Maßregeln, die bei Ableitung der den Fischen schädlichen Stoffe und Abfälle aus Fabriken und sonstigen gewerblichen und landwirthschaftlichen Betrieben zu beobachten sind, zuwiderhandelt §§ 29 Abs. 2 und 45 Abs. 1.

Die Folgen sind dieselben, wie bei B. 3.

6. Wer den Beschlüssen des Bezirkspräsidenten über die Dauer des Röstens des Leins und Hanfs und die Bezeichnung derjenigen Wasserläufe und Orte, an welchen diese Arbeit mit dem geringsten Nachtheil für die Fische stattfinden kann, zuwiderhandelt. §§ 29 Abs. 3 und 45 Abs. 1.

Die Folgen sind dieselben, wie bei B. 3.

C. Wer ein Bachbett und ein Bachwasser verunreinigt; wer insbesondere Steine oder Schlamm oder sonstige den freien Wasserlauf hindernde Gegenstände in dem Bachbett ablagert oder hineinwirft oder schädliche oder verunreinigte Flüssigkeiten in dasselbe leitet (§ 9 der Bezirkspolizeiverordnungen, vgl. S. 51), wird nach Art. 471 Ziff. 15 und Art. 474 des französischen Strafgesetzbuchs bestraft.

Der Thatbestand dieser Uebertretungen deckt sich theilweise mit dem der unter Ziff. B. 3 angeführten.

Zu bemerken ist, daß die unter B. aufgeführten Bestimmungen sich nach § 6 des Gesetzes nicht auf Gewässer beziehen, die im Privateigenthum stehen und denen es an einer für den Wechsel der Fische geeigneten Verbindung mit anderen natürlichen Gewässern fehlt (Fischteichen, Fischbehältern u. s. w., vgl. S. 20. Beim Einwerfen u. s. w. schädlicher Stoffe in solche Privatgewässer durch Dritte werden regelmäßig die Bestimmungen wegen Sachbeschädigung, § 303 R.-St.-G.-B., zur Anwendung kommen.

Zuständig ist für die unter A. angeführten Vergehen und Verbrechen das Landgericht oder das Schwurgericht, für die unter B. und C. aufgezählten Uebertretungen und Vergehen das Schöffen- und das Amtsgericht.

§ 49.

Die in § 57 Ziffer 3 des Strafgesetzbuchs bei Verurtheilung von Personen, welche zur Zeit der Begehung der That das zwölfte, aber nicht das achtzehnte Lebensjahr vollendet hatten, vorgesehene Strafermäßigung findet bei Zuwiderhandlungen gegen dieses Gesetz keine Anwendung.

Diese Bestimmung rechtfertigt sich damit, daß die Höchstbeträge der Strafen an sich schon gering sind und den Zuwiderhandelnden unter 18 Jahren, trotz ihrer Jugend, die Strafbarkeit der Handlung regelmäßig wohl bekannt ist. Vgl. § 2 des Gesetzes betr. das Forststrafrecht u. s. w. und § 2 des Feldpolizeistrafgesetzes.

§ 50.

Für die Kosten, zu welchen Personen verurtheilt werden, welche unter der Gewalt, der Aufsicht oder im Dienste eines Andern stehen und zu dessen Hausgenossenschaft gehören, ist letzterer für den Fall des Unvermögens des Verurtheilten für haftbar zu erklären und zwar unabhängig von der etwaigen Strafe, zu welcher er selbst auf Grund dieses Gesetzes oder des § 361 Ziffer 9 des Strafgesetzbuchs[1] verurtheilt wird.

Sind die gesetzlichen Vertreter (Ehemänner, Eltern, Vormünder) als haftbar zu erklären, so erstreckt sich die Haftbarkeit auch auf die Geldstrafe.

Wird festgestellt, daß der als haftbar in Anspruch Genommene die That nicht verhindern konnte, so tritt die Haftbarkeit nicht ein.

Gegen die in Gemäßheit der vorstehenden Bestimmungen als haftbar Erklärten tritt an die Stelle der Geldstrafe eine Freiheitsstrafe nicht ein.[2]

1. § 361 R.-St.-G.-B. lautet:
Mit Haft wird bestraft:
9. wer Kinder oder andere unter seiner Gewalt stehende Personen, welche seiner Aufsicht untergeben sind und zu seiner Hausgenossenschaft gehören . . . von der Begehung strafbarer Verletzungen . . . der Gesetze zum Schutze . . . der Fischerei abzuhalten unterläßt. Die Vorschriften dieser Gesetze über die Haftbarkeit für die den Thäter treffenden Geldstrafen oder anderen Geldleistungen werden hierdurch nicht berührt.
In den Fällen der Nr. 9 kann statt der Haft auf Geldstrafe bis zu 150 M. erkannt werden.

2. Vgl. § 3 des Gesetzes betr. das Forststrafrecht u. s. w. und § 3 des Feldpolizeistrafgesetzes und die allgemeine Begründung der Strafbestimmungen Abs. 4 (S. 62).

§ 51.

Hatte der Thäter noch nicht das zwölfte Lebensjahr vollendet, so wird derjenige, welcher in Gemäßheit des § 50 haftet, zur Zahlung der Geldstrafe und der Kosten als unmittelbar haftbar verurtheilt.

Dasselbe gilt, wenn der Thäter zwar das zwölfte, aber noch nicht das achtzehnte Lebensjahr vollendet hatte und wegen Mangels der zur Erkenntniß der Strafbarkeit der That erforderlichen Einsicht freizusprechen ist, oder wenn derselbe wegen eines seine freie Willensbestimmung ausschließenden Zustandes straffrei bleibt.

Vgl. § 4 des Gesetzes betr. das Forststrafrecht u. s. w. und § 4 des Feldpolizeistrafgesetzes.

§ 52.

Die auf Grund dieses Gesetzes erkannten Geldstrafen fließen in die Staatskasse.

Diese Bestimmung soll jeden Zweifel über etwaige Verwendung der Strafen ausschließen. Vgl. § 17 des Jagdpolizeigesetzes.

§ 53.

[1] Neben der Strafe ist in den Fällen der §§ 44, 45, 47, 48 auf Einziehung der Fanggeräthe,[2] welche der Thäter bei der Zuwiderhandlung gebraucht oder mit sich geführt hat, und ebenso auf Einziehung der Fische,[3] welche verbotswidrig gefangen, feilgeboten, verkauft, gekauft, umhergetragen oder versendet sind, zu erkennen und zwar ohne Unterschied, ob die Fanggeräthe und Fische dem Verurtheilten gehören oder nicht.

Ist die Verfolgung oder Verurtheilung einer bestimmten Person nicht ausführbar, so kann die Einziehung selbstständig erkannt werden.[4][5]

1. Vgl. § 16 des Feldpolizeistrafgesetzes.

2. Ob zu den Fanggeräthen in diesen Fällen auch die Nachen u. s. w. gehören (vgl. Anm. 3 zu § 41), ist im Einzelfalle festzustellen.

3. Wegen der Beschlagnahme der Fische findet die Verfügung des Oberstaatsanwalts betr. das Verfahren bei Beschlagnahme von Wild und Fischen vom 16. April 1887 (Central- und Bezirksamtsbl. S. 86) auch fernerhin sinngemäße Anwendung. Wo in dieser Verfügung auf die durch dieses Gesetz aufgehobenen früheren Bestimmungen hingewiesen ist, treten die in dieses Gesetz aufgenommenen gleichartigen Bestimmungen an deren Stelle (Art. 30 des Gesetzes vom 15. April 1829 ist ersetzt durch §§ 32, 33, 44 Ziffer 1 und 48 und Art. 26 Ziffer 5 durch § 32

dieses Gesetzes). Die Verordnung setzt voraus, daß thatsächlich eine Beschlagnahme stattgefunden hat. Vgl. Ziffer 6 der Verordnung. Sie bezweckt keineswegs Bestimmung darüber zu treffen, in welchen Fällen eine Beschlagnahme von Fischen stattzufinden hat, oder nicht; sie regelt vielmehr lediglich das Verfahren, das nach erfolgter Beschlagnahme stattzufinden hat. Die Bezugnahme auf Art. 26 Ziffer 5 des Gesetzes vom 15. April 1829 schließt nicht aus, daß auch in anderen Fällen die Fische wieder in's Wasser gesetzt werden, insofern deren Beschlagnahme nicht ausdrücklich gesetzlich angeordnet ist.

4. Vgl. § 42 R.-St.-G.-B.

5. Vgl. auch § 94 ff. St.-P.-O.

Vierter Abschnitt.

Schlußbestimmungen.

§ 54.

Die Gesetze über die Flußfischerei vom 15. April 1829 und über die Fischerei vom 31. Mai 1865, die Ordonnanz vom 28. Oktober 1840, betreffend die Verpachtung des dem Staat zustehenden Fischereirechts, das Gesetz vom 24. Dezember 1876, betreffend die Festsetzung der Fischereischonstrecken, die Ziffer 5 des § 35 des Feldpolizeistrafgesetzes vom 9. Juli 1888, sowie alle den Bestimmungen dieses Gesetzes entgegenstehenden Vorschriften sind aufgehoben.

Mit den Gesetzen sind gleichzeitig auch die zur Ausführung derselben erlassenen Verordnungen aufgehoben.

§ 55.

Das gegenwärtige Gesetz tritt am 15. Juni 1892 in Kraft. Die zur Ausführung[1] desselben erforderlichen Anordnungen werden durch das Ministerium erlassen.[2]

Urkundlich unter Unserer Höchsteigenhändigen Unterschrift und beigedrucktem Kaiserlichen Insiegel.

Gegeben Amsterdam, den 2. Juli 1891.

(L. S.) gez. **Wilhelm.**

gez. Fürst v. Hohenlohe.

1. Bei Erlaß der Ausführungsverordnungen wurde von dem Grundsatze ausgegangen, an dem bestehenden Rechte möglichst wenig zu ändern.

2. Ausführungsverordnungen sind bisher folgende erlassen worden:
1. Verordnung vom 28. April 1892 betr. die Fischerei (Central- und Bezirksamtsblatt A S. 221), siehe S. 74 ff.
2. Verordnung vom 29. April 1892 zur Ausführung des Gesetzes, betr. die Fischerei, vom 2. Juli 1891 (Central- und Bezirksamtsblatt A S. 224), siehe S. 86 ff.
3. Verordnung vom 9. Mai 1892 über die Bestimmung von Laich- und Hegeplätzen (Central- und Bezirksamtsblatt A S. 235), siehe S. 96 ff.
4. Verordnung vom 13. Mai 1892 betr. das Verbot des Krebsfanges (Central- und Bezirksamtsblatt A S. 239), siehe S. 103 ff.
5. Bekanntmachung vom 8. Juni 1892 betr. die Strecken der Nebenflüsse des Rheines, welche den Durchzug der Lachse und Maifische zu den Laichstellen vermitteln (Central- und Bezirksamtsblatt A S. 287), siehe S. 106 ff.
6. Bekanntmachung vom 27. Juli 1892 betr. die Verunreinigung von Wasserläufen mit Fischbestand (Central- und Bezirksamtsblatt A S. 348), siehe S. 107 ff.
7. Verordnung vom 31. Juli 1892 betr. die Bildung von Fischereigenossenschaften (Central- und Bezirksamtsblatt A S. 343), siehe S. 109 ff.

Wegen der zur Bezeichnung der Fischerfahrzeuge u. s. w. erlassenen Verordnungen vgl. § 36 Anm. 2 (S. 58).

Verordnung,

betreffend die Fischerei.

(Central- und Bezirksamtsblatt 1892 A S. 221.)

Auf Grund des Gesetzes vom 2. Juni 1891, betreffend die Fischerei (Gesetzblatt Seite 69), wird bestimmt, was folgt:

Art. 1.

Zu den nutzbaren Wasserthieren, deren Fang im Sinne des Gesetzes zum Fischfange gehört, sind auch die Frösche zu rechnen (§ 7 des Gesetzes).

Zum Froschfang berechtigt sind fernerhin nur die Fischereiberechtigten, also in den in § 1 des Gesetzes genannten Wasserläufen der Staat durch die Fischereipächter, in den in § 2 des Gesetzes genannten Kanälen und Gräben die Eigenthümer, in den übrigen Wasserläufen (§ 3 des Gesetzes) die Ufereigenthümer und in den in § 6 des Gesetzes erwähnten Gewässern deren Eigenthümer. Der Berechtigte kann das Recht auf den

Froschfang auf einen anderen übertragen. Der Froschfänger muß im Besitz einer Fischerkarte sein. Soweit der die freie Angelfischerei Ausübende zum Fischfang berechtigt ist, steht ihm auch das Recht zum Froschfang zu.

Vgl. noch Art. 9 dieser Verordnung.

Art. 2.

Als dem Fischbestande schädlich zu erachten (§ 8 des Gesetzes) sind: Fischottern, Wasserhühner (Rohr- und Bleßhühner), Reiher (eigentliche Reiher, Nachtreiher oder Rohrdommeln), Kormorane, Säger (Sägetaucher und Tauchergänse) und Taucher (Eistaucher und Haubentaucher).[1 2]

1. Vgl. § 1 Ziff. 2 der Verordnung des Ministeriums vom 16. Juli 1890 betr. das schädliche Wild (G.-Bl. S. 49).

2. Der Eisvogel, der in der Verordnung vom 20. Juni 1883 als schädlich bezeichnet war, ist aus dem Verzeichniß gestrichen. Durch § 1 Ziff. 1 des Gesetzes vom 2. Juli 1890 zur Ausführung des Reichsgesetzes betr. den Schutz von Vögeln vom 22. März 1888 (G.-Bl. S. 47) ist dieses Reichsgesetz auf den Eisvogel als anwendbar erklärt worden. In das Verzeichniß der nützlichen Vögel in § 4 der Verordnung des Ministeriums betr. den Schutz von Vögeln vom 16. Juli 1890 (G.-Bl. S. 51) ist nun der Eisvogel nicht aufgenommen worden. Folglich kann innerhalb der Grenzen des Reichsgesetzes vom 22. März 1888 (Reichsgesetzblatt S. 111) der Vogelfang an ihm ausgeübt werden (vgl. auch v. Möller, Sammlung der in Elsaß-Lothringen geltenden Gesetze V. S. 808 Anm. 5).

Art. 3.

[1] Für die nachbenannten Fischgattungen werden folgende Schonzeiten festgesetzt, während welcher der Fang derselben mit Fanggeräthen jeglicher Art verboten ist:

1. für Aeschen und Regenbogenforellen: vom 1. März bis 31. April;
2. für Zander (Schill) und Barsch: vom 1. April bis 31. Mai;
3. für Karpfen, Barben und Schleien: vom 1. Mai bis 30. Juni;[2]
4. für Seeforellen: vom 1. Oktober bis 31. Dezember;
5. für Fluß- und Bachforellen: vom 10. Oktober bis 31. Januar;[3]
6. für Saiblinge (Rötheli): vom 1. November bis 31. Dezember;

7. für Lachse (Salmen): vom 11. November bis 24. Dezember;
8. für Felchen und Maränen: vom 15. November bis 15. Dezember;
9. für Rufolks (Rutten, Quappen, Truschen, Aalraupen): vom 15. Dezember bis 15. Januar;
10. für Krebse: vom 1. November bis 30. April, soweit nicht für bestimmte Wasserläufe eine längere Schonzeit durch besondere Verordnung festgesetzt ist.[4]

Die Anfangs- und Endtage der vorgenannten Fristen sind in die Schonzeit einbegriffen.[5]

1. Die Schonzeiten unter Ziff. 1, 2, (abgesehen vom Barsch), 4, 6, 7 und 8 sind durch die Luzerner Uebereinkunft Art. 6 mit der obigen Dauer festgesetzt worden (vgl. S. 124). Baden hat dieselben Schonzeiten auch angenommen. Der Barsch braucht nach der Luzerner Uebereinkunft nicht geschont zu werden. Baden hat von einer Schonzeit abgesehen. Dasselbe gilt vom Rufolk (Ziff. 9). Mit Rücksicht darauf, daß diese beiden Fische in Elsaß-Lothringen Nutzfische sind, wurde eine Schonzeit für sie eingeführt.

2. Karpfen, Barben und Schleien werden auch in Baden zu denselben Zeiten geschont.

3. Die Fluß- und Bachforelle (Ziff. 5) wird in Baden, entsprechend der Luzerner Uebereinkunft, nur bis zum 10. Januar geschont. Für Elsaß-Lothringen schien mit Rücksicht auf die in den Vogesenbächen und in Lothringen später stattfindende Laichzeit die Beibehaltung des Schlusses der bisherigen Winterschonzeit in den kleineren Wasserläufen angemessen.

4. Bezüglich des Krebsfanges ist unterm 13. Mai 1892 eine besondere Verordnung ergangen (S. 103). Der freie Marktverkehr mit Krebsen (§ 33 des Gesetzes) während der Zeit vom 1. Mai bis 3. November einschließlich, wird durch diese Verordnung nicht gehindert.

5. Vgl. II des Schlußprotokolls der Luzerner Uebereinkunft S. 127. Durch die Bestimmung wird den Schwankungen, die in der Auslegung der Vorschriften über das Ende der Schonzeiten bisher bestanden, ein Ende gemacht.

Art. 4.

Im Rheine und in denjenigen Strecken seiner Nebenflüsse, welche den Durchzug der Lachse und Maifische zu den Laichstellen vermitteln, ist die Fischerei auf Lachse und Maifische mit Fanggeräthen jeglicher Art auf die Dauer von 24 Stunden in jeder Woche und zwar von Samstag Abend 6 Uhr bis Sonntag Abend 6 Uhr verboten.

Die in Betracht kommenden Strecken der Nebenflüsse des Rheins werden von dem Ministerium bekannt gegeben.

Diese Wochenschonzeit entspricht dem Art. 8 der Luzerner Uebereinkunft. Sie ist auch in Baden eingeführt. Der Fang der Lachse und Maifische ist auch mittels der schwimmenden, in der Hand gehaltenen Angel untersagt.

Die Bekanntmachung des Ministeriums wegen der in Betracht kommenden Strecken ist am 8. Juni 1892 ergangen (vgl. S. 106).

Art. 5.

Die Anwendung von Reusen zum Lachsfang ist während der Zeit vom 20. Oktober bis 24. Dezember einschließlich verboten.[1]

Die Ausübung der Lachsfischerei mit Zegensbetrieb ist vom 27. August bis 26. Oktober einschließlich verboten.[2]

1. Die Bestimmung des 1. Absatzes entspricht den bisher geltenden Bestimmungen der Verordnung betr. die Fischerei im Rhein § 4 letzter Satz und den Festsetzungen der Luzerner Uebereinkunft Art. 4 Ziffer 4 (S. 124).

2. Die Lachsfischerei mit Zegensbetrieb (Betrieb mittels einer besonderen Art von großen Schleppnetzen) ist zur Zeit nur am Niederrhein üblich. Die Bestimmung wurde entsprechend den Festsetzungen der Luzerner Uebereinkunft (Art. 3 Abs. 4) und des zwischen Deutschland, der Schweiz und den Niederlanden geschlossenen Vertrages (Art. 3) aufgenommen. Vgl. S. 123 u. S. 118.

Art. 6.

Feststehende Fischnetze müssen jede Woche 36 Stunden lang und zwar von Samstag 6 Uhr Abends bis Montag 6 Uhr Morgens in der Mitte auf eine dem Zehntel ihrer Ausdehnung gleichkommende Länge derart gehoben werden, daß zwischen dem Boden des Wasserlaufs und der unteren Saumleine ein freier Raum von wenigstens 50 cm Höhe bleibt.

Vgl. § 11 der bisher geltenden Verordnung betr. die Fischereipolizei.

Art. 7.

Die Aufsichtsbehörde kann die Fischerei auf Lachse auch während der Schonzeiten (Art. 3 Ziffer 7 und Art. 4 dieser

Verordnung) gestatten, wenn Sicherheit dafür vorhanden ist, daß die Fortpflanzungsstoffe (Rogen und Milch) der gefangenen, laichreifen Fische zu Zwecken der künstlichen Fischzucht Verwendung finden.

Art. 8.

Der Fischfang zur Nachtzeit unter Anwendung menschlicher Thätigkeit[1] ist verboten.[2]

Als Nachtzeit[3] gilt der Zeitraum, welcher eine Stunde nach Sonnenuntergang beginnt und eine Stunde vor Sonnenaufgang endet.

Ausnahmen von diesem Verbot können hinsichtlich der Fischerei auf Lachse, Maifische, Aale, Krebse und Frösche durch die Aufsichtsbehörde zugelassen werden.

Für weitere Ausnahmen ist die Genehmigung des Ministeriums erforderlich.

1. Der Fischfang zur Nachtzeit mittels ständiger oder zeitweiliger Fangvorrichtungen fällt nicht unter das Verbot des Absatz 1; wohl aber z. B. die Entnahme von Fischen, die sich in solchen Vorrichtungen gefangen haben, wenn sie zur Nachtzeit vorgenommen wird.

2. Die Zuwiderhandlung ist ein Vergehen, da nur § 48 des Gesetzes Anwendung finden kann. (Vgl. §§ 45 und 48 des Gesetzes).

3. Vgl. § 7 des Gesetzes betr. die Jagdpolizei. In Baden gilt dieselbe Bestimmung.

Art. 9.

Der Fang der Frösche mit dem Rechen ist für die Zeit vom 1. Mai bis 30. Juni einschließlich verboten.

Durch diesen Paragraphen soll keine Schonzeit für die Frösche eingeführt werden. Dem Marktverbot (§ 33 des Gesetzes) unterliegen sie also überhaupt nicht. Die Bestimmung ist im Interesse der Schonung des Fischlaiches getroffen, der durch den Froschfang mit dem Rechen sehr in Mitleidenschaft gezogen wird. Da der Rechen nicht zu den allgemein verbotenen Fischereigeräthen gehört und derselbe in erster Reihe beim Froschfang Anwendung findet, so konnte nur in dieser Weise ein Schutz des Fischlaiches während der Frühjahrslaichzeit herbeigeführt werden.

Eine Schonzeit der Fische wäre nur im März zweckmäßig gewesen. Die Einführung einer solchen war aber mit Rücksicht darauf unthunlich, daß das Marktverbot alsdann gerade in die Fastenzeit fallen würde, wenn der Verbrauch von Froschschenkeln am größten ist. Dadurch, daß die Berechtigung zum Froschfang wesentlich eingeschränkt ist (vgl. Art. 1), dürfte ein genügender Schutz für die Frösche selbst geschaffen sein.

Art. 10.

Die Ausübung der freien Angelfischerei (§ 1 Abs. 2 des Gesetzes) ist in der Zeit vom 1. Mai bis 30. Juni einschließlich und zur Nachtzeit (Art. 8 Abs. 2 dieser Verordnung) verboten.

Nach den bisher geltenden Bestimmungen war die freie Angelfischerei im Rhein während der sogenannten Frühjahrsschonzeit gestattet (§ 8 Abs. 2 der Verordnung betreffend die Fischerei im Rhein). In den übrigen Wasserläufen war sie während der Frühjahrsschonzeit, vom 1. April bis 15. Juni, verboten (§ 1 Abs. 3 der Verordnung betr. die Fischereipolizei).

Durch Art. 10 ist die Zeit der Ausübung für alle Wasserläufe Elsaß-Lothringens einheitlich geregelt.

Art. 11.

Bei Ausübung der Fischerei ist verboten:

1. die Anlage neuer sogenannter Selbstfänge. Die bereits bestehenden sollen mit Oeffnungen versehen sein, deren Weite der für die Maschenweite der Netze vorgeschriebenen entspricht (Art. 17 dieser Verordnung).

   Unter Selbstfängen sind zu verstehen alle Vorrichtungen, welche geeignet sind, die Fische in Löchern, Buchten, Gräben und Pfützen, aus welchen sie nicht entweichen können, anzusammeln oder sie zu zwingen, sich durch einen mit Fangvorrichtung versehenen Durchgang zu bewegen;[1]
2. das Trockenlegen oder Ablassen von Wasserläufen zum Zwecke des Fischfanges;[2]
3. das Fischen in den Theilen der Wasserläufe, deren Wasserstand zur Vornahme von Ausräumungen oder sonstigen Arbeiten oder in Folge des Stillstandes von Triebwerken oder der Schifffahrt vorübergehend wesentlich erniedrigt ist. Ausnahmen kann die Aufsichtsbehörde zulassen.[3]

   Dieses Verbot gilt auch für die Ausübung der freien Angelfischerei;[4]
4. die auf die Dauer berechnete Anbringung von Fischfangvorrichtungen an den Schleusen, Wehren, natür-

lichen Wasserfällen, Durchlässen, Schützen, Mühlgerinnen und Fischleitern;

5. das Fischen im Innern der Schleusen, Schützenanlagen, Durchlässe, Mühlgerinne und Fischleitern, sowie an den Wehren oder in geringerer Entfernung als 30 m oberhalb oder unterhalb dieser Werke auf andere Art als mit der schwimmenden in der Hand gehaltenen Angel (§ 18 dieser Verordnung);[6]
6. das Fischen mit der Hand;[7]
7. das gewaltsame Trüben oder Aufwühlen des Wassers zum Zwecke des Fischfanges in den von Fischen aufgesuchten Zufluchtsorten.[8]

1. Entspricht dem bisher bestehenden Recht (§ 4 Abs. 4 der Verordnung betr. die Fischerei im Rhein und § 13 Ziffer 1 der Verordnung betr. die Fischereipolizei). Vgl. auch Luzerner Uebereinkunft. Art. 4 Ziffer 3 (S. 124).

2. Entspricht für den Rhein ebenfalls dem bisher bestehenden Recht, (§ 4 Abs. 2 der Verordnung betr. die Fischerei im Rhein). Vgl. auch Luzerner Uebereinkunft Art. 4 Ziffer 5 (S. 124.)

3. Entspricht für die kleineren Wasserläufe ebenfalls dem bisher geltenden Recht (§ 13 Ziffer 4 der Verordnung betr. die Fischereipolizei). Die Gestattung von Ausnahmen war im Interesse der Fischereiberechtigten nothwendig. Zuständig ist der Wasser- oder Meliorationsbauinspektor.

4. Für die freie Angelfischerei dürfen keine Ausnahmen zugelassen werden.

5. Entspricht für die kleineren Wasserläufe im Wesentlichen ebenfalls dem bisher geltenden Recht (§ 13 Ziffer 2 der Verordnung betr. die Fischereipolizei). Das Verbot enthält eine Ausdehnung des Verbotes in § 26 des Gesetzes.

6. Entspricht für die kleineren Wasserläufe im Wesentlichen ebenfalls dem bisher geltenden Recht. (§ 13 Ziffer 3 der Verordnung betr. die Fischereipolizei).

Auch der Fischereiberechtigte, Pächter u. s. w. kann im Innern der Schleusen u. s. w. die Fischerei nach Art der sogenannten freien Angelfischerei ausüben, falls ihm dies nicht anderweitig, z. B. dem Pächter durch seinen Pachtvertrag verboten ist. Im Falle der Uebertretung eines solchen Verbotes treten aber nur civilrechtliche Folgen ein. — Der Schifffahrtsverkehr darf durch Ausübung der Fischerei in den Schleusen u. s. w. nicht behindert werden.

7. 8. Diese Verbote entsprechen dem bisher geltenden Verbote in § 14 Ziffer 3 der Verordnung betr. die Fischereipolizei.

Art. 12.

Bei Ausübung der Fischerei im Rhein und in den in Art. 4 dieser Verordnung bezeichneten Strecken der Nebenflüsse desselben ist die Anwendung von ständigen Fischereivorrichtungen (Fischwehren, Fachen) und von Vorrichtungen verboten, welche am Ufer oder im Flußbette selbst befestigt oder verankert sind (Reusen, Sperrnetze), wenn diese Vorrichtungen den Wasserlauf auf mehr als die Hälfte seiner Breite für den Zug der Wanderfische versperren. Die Breite ist bei gewöhnlichem niedrigem Wasserstande in der kürzesten Linie von Ufer zu Ufer zu messen.

Mehrere solcher ständiger oder am Ufer oder im Bette des Wasserlaufs befestigter oder verankerter Vorrichtungen, sowie mehrere feststehende Netze dürfen gleichzeitig auf derselben Uferseite oder auf der entgegengesetzten Uferseite nur in einer Entfernung von einander angebracht werden, welche wenigstens das Doppelte der Länge der betreffenden Vorrichtungen beträgt.

Sind die Vorrichtungen von verschiedener Länge, so ist für die betreffende Entfernung die größere Länge maßgebend.

Ausnahmen kann die Aufsichtsbehörde gestatten.

Die Entfernung zwischen den einzelnen Pfählen, welche die zum Lachsfange bestimmten Fischwehre (Fache) bilden, sowie zwischen den Querverbindungen dieser Pfähle muß wenigstens 10 cm im Lichten betragen.

Die Vorschriften dieses Artikels entsprechen im Wesentlichen dem bisher geltenden Recht (§ 1 der Verordnung betr. die Fischerei im Rheine). Vgl. auch Art. 1 der Luzerner Uebereinkunft S. 122.

Art. 13.

Bei Ausübung der Fischerei in anderen als den in Art. 12 genannten Wasserläufen dürfen feststehende oder schwimmende Netze in ihrer Länge zwei Drittel der nassen Breite des Wasserlaufes, in welchem sie benutzt werden, nicht überschreiten.

Mehrere Netze, welche gleichzeitig auf einem oder den beiden gegenüberliegenden Ufern angewendet werden, müssen unter einander eine Entfernung halten, welche wenigstens dem Dreifachen ihrer Ausdehnung gleichkommt.

Auch dieser Artikel entspricht dem bisher geltenden Recht (§ 10 der Verordnung betr. die Fischereipolizei).

Art. 14.

Treibnetze dürfen nicht derart befestigt und ausgesetzt werden, daß sie festliegen oder hängen bleiben. Dieselben dürfen zwischen Ober- und Unterröhre (Leine) nicht über 2,5 m breit sein.

Mehrere Treibnetze dürfen nur in einer Entfernung von einander ausgeworfen werden, welche wenigstens das Doppelte der Länge des größten Netzes beträgt.

Diese Bestimmung galt bisher nur für den Rhein, wo sie auch fernerhin noch hauptsächlich in Anwendung kommt. (§ 3 der Verordnung betr. die Fischerei im Rheine.) Vgl. Luzerner Uebereinkunft Art. 3 S. 123.

Art. 15.

Bei Ausübung der Fischerei ist, abgesehen von der Fischerei im Rhein, die Anwendung von Schleppnetzen verboten.

Der Gebrauch des kleinen, mit der Hand geworfenen und von einer Person allein gehandhabten Wurfgarnes und des von zwei Personen aus dem Boote geworfenen Spreitgarnes ist gestattet.

Als Schleppnetz ist jedes Netz anzusehen, welches durch Druck oder durch Gewichte auf den Boden versenkt und mittels irgend einer Kraft am Boden fortbewegt wird.

Die Bestimmungen entsprechen im Wesentlichen dem bisher geltenden Recht (§ 12 der Verordnung betr. die Fischereipolizei).

Art. 16.

Bei Ausübung der Fischerei ist ferner verboten:[1]

1. die Anwendung von Schlingen und Schleifen;
2. die Anwendung von Fischgabeln, Geeren, Harpunen, Stecheisen und anderen derartigen Fangmitteln, welche eine Verwundung der Fische herbeiführen können.

Der Gebrauch von Angeln ist gestattet.[2][3]

1. Auch diese Bestimmungen entsprechen im Wesentlichen dem bisher geltenden Recht (§ 12 Abs. 3 und § 14 Ziff. 2 der Verordnung betr. die Fischereipolizei und § 4 der Verordnung betr. die Fischerei im Rheine). Vgl. auch Art. 4 Ziff. 2 der Luzerner Uebereinkunft S. 124.

2. Fallen mit Schlagfedern sind nicht verboten.

Art. 17.

Fanggeräthe jeder Art und Benennung dürfen bei Ausübung der Fischerei nicht angewendet werden, wenn die Oeffnungen (bei Maschen in nassem Zustande gemessen) in Höhe und Breite nicht wenigstens folgende Weiten haben:

1. beim Lachsfange: im Rhein: Geflechte (Körbe und Reusen) und Treibnetze: 60 mm; das Innere der Reusen (Reusenschlupf): 40 mm;
   in den übrigen Wasserläufen 40 mm;
2. beim Fangen anderer großer Fischarten, einschließlich des Aals, und beim Krebsfang: im Rhein: 30 mm;
   in den übrigen Wasserläufen 27 mm;
3. beim Fange kleiner Fischarten, wie Gründlinge, Schmerlen, Ellritzen, Blicken und andere: im Rhein: 20 mm;
   in den übrigen Wasserläufen: 10 mm.

Bei Kontrole der Geflechte und Netze ist eine Abweichung von einem Zehntel nicht zu beanstanden.

Die Aufsichtsbehörde kann den Gebrauch von Netzen mit geringerer Maschenweite zum Zwecke des Fanges von Futterfischen für Fischzuchtanstalten und von Köderfischen gestatten.

Der Artikel hält die bisherigen Bestimmungen aufrecht (§ 9 der Verordnung betr. die Fischereipolizei und § 2 der Verordnung betr. die Fischerei im Rheine). Vgl. Luzerner Uebereinkunft Art. 2 S. 123.

Art. 18.

Die freie Angelfischerei (§ 1 Absatz 2 des Gesetzes) wird mittels der schwimmenden, in der Hand gehaltenen Angel ausgeübt. Die Angelschnur darf nur eine Angel tragen.

Die schwimmende Angel darf mit keinem größeren Gewicht als 50 cgr belastet sein.

Die freie Angelfischerei mit lebenden Fischen als Köder ist untersagt.

Alle weiteren Beschränkungen bezüglich der Beschaffenheit der Angel u. s. w. sind aufgehoben.

Art. 19.

Die nachbenannten Fischarten[1] dürfen nicht gefangen werden, wenn die Fische von der Kopfspitze bis zum Schwanzende (Schwanzspitzen) gemessen, nicht wenigstens folgende Längen haben:[2 3]

Lachs (Salm)	50 cm
Aal . . . . Zander (Schill)	35 cm
Hecht . . . . Seeforelle	33 cm
Aesche . . . . Karpfen . . . . Saibling (Rötheli) . . . . Barbe	25 cm
Fluß- und Bachforelle . . . Regenbogenforelle . . . . Schleie . . . . Barsch . . . . Rufolk . . . . Felchen und Maränen . . .	20 cm

Krebse (gemessen vom Auge bis zum Ende des ausgebreiteten Schwanzes) 8 cm.[4]

1. Gegenüber der Luzerner Uebereinkunft (Art. 5) ist der Schutz durch Festsetzung eines Mindestmaßes noch ausgedehnt worden auf Karpfen, Schleien, Barsch und Rufolk. Es entspricht dies im Wesentlichen dem bisher geltenden Recht (§ 8 der Verordnung betr. die Fischereipolizei).

2. Die Maße entsprechen den durch die Luzerner Uebereinkunft a. a. O. festgesetzten, nur für Hechte und Seeforellen sind sie um 3 cm erhöht worden.

3. Die Erhöhung der Maße gegenüber den bisher geltenden (§ 8 der Verordnung betr. die Fischereipolizei und § 5 der Verordnung betr. die Fischerei im Rheine) ist nur eine scheinbare. Während bisher vom Auge bis zur Weiche der Schwanzflosse (bis zum Anfang des Schwanzes) gemessen wurde, findet jetzt die Messung von der Kopfspitze bis zum

Schwanzende, bis zu den Schwanzspitzen, statt, entsprechend der Luzerner Uebereinkunft.

4. Für Krebse ist das bisherige Mindestmaß beibehalten.

Art. 20.

In außerordentlichen Fällen (unvorhergesehene Naturereignisse, plötzliche Störungen des ordentlichen Fischereibetriebes oder sonstige Nothstände) kann die Aufsichtsbehörde von den Vorschriften über die Innehaltung der Schonzeit, die Art und Weise der Ausübung der Fischerei, die Beschaffenheit der Fanggeräthe und die Längenmaße der Fische (Art. 3 bis 9, 11 bis 17 und 19 dieser Verordnung) im Einzelfalle entbinden.

Die Entscheidung über die Gestattung von Ausnahmen im Sinne des § 34 Absatz 2 des Gesetzes steht dem Ministerium zu.

Aufsichtsbehörde ist der zuständige Wasser- oder Meliorationsbauinspektor.

Art. 21.

Als Aufsichtsbehörde im Sinne des Gesetzes und dieser Verordnung gilt der zuständige Wasser- oder Meliorationsbauinspektor.

Wegen der örtlichen Zuständigkeit vgl. die Uebersicht über die Bezirke der Wasserbauinspektoren S. 128 und die Uebersicht über die Bezirke der Meliorationsbauinspektoren S. 129.

Art. 22.

Die Bestimmungen des Art. 3 Ziffer 3 und des Art. 10 dieser Verordnung treten am 1. Juli 1892, die übrigen Bestimmungen derselben treten am 15. Juni 1892 in Kraft.

Straßburg, den 28. April 1892.

Ministerium für Elsaß-Lothringen.

Abtheilung für Finanzen, Landwirthschaft und Domänen.
Der Unterstaatssekretär
von Schraut.

Abtheilung des Innern.
Der Unterstaatssekretär
von Köller.

III. A. 1676 92.
I. D. 2562 92.

Verordnung
zur Ausführung des Gesetzes, betreffend die Fischerei, vom 2. Juli 1891.

(Central- und Bezirksamtsblatt 1892 A. S. 224.)

Zur Ausführung der §§ 9, 12, 27, 33, 40 und 46, sowie der §§ 20 bis 25 des Gesetzes, betreffend die Fischerei, vom 2. Juli 1891 (Gesetzblatt S. 69) wird verordnet, was folgt:

I. Bestimmungen zur Ausführung der §§ 9, 12, 27, 33, 40 und 46 des Gesetzes:

Artikel 1.

Die Verpachtung der dem Staate nach § 1 des Gesetzes zustehenden Fischerei (§ 9 des Gesetzes) findet durch den zuständigen Wasser- oder Meliorations-Bauinspektor statt. Die Verpachtung unterliegt der Genehmigung des Ministeriums.

Soweit eine Verpachtung nicht zu Stande kommt, kann die Nutzung der Fischerei durch Ausstellung von Erlaubnißscheinen gegen Entgelt (Licenzen) gestattet werden. Die desfallsigen Anordnungen bedürfen ebenfalls der Genehmigung des Ministeriums.

Die Nutzung der Fischerei durch Ausstellung von Erlaubnißscheinen kann nur ausnahmsweise gestattet werden, wenn sich kein Ansteigerer findet. Vgl. S. 23.

Artikel 2.

Für die Abmessungen des Lein- und des Flößpfades (§ 12 des Gesetzes) sind die Bestimmungen des § 18 des Gesetzes, betreffend Wasserbenutzung und Wasserschutz, vom 2. Juli 1891 (Gesetzblatt S. 82) und die zur Ausführung des § 18 erlassenen Vorschriften maßgebend.

Wo die zuständige Verwaltungsbehörde die Freihaltung oder die Freilegung eines Leinpfades nicht verlangt hat, steht den Fischereipächtern und Fischern ein Anspruch auf Einräumung und Benutzung eines Leinpfades nicht zu.

Vgl. Vorschriften betr. die Leinpfade vom 1. März 1892 Central- und Bezirksamtsblatt A S. 112.

Artikel 3.

Die Anlage von Fischwegen (Fischleitern) in öffentlichem Interesse (§ 27 des Gesetzes) wird durch den Bezirkspräsidenten angeordnet.

Soweit es sich um schiff- oder flößbare Wasserläufe handelt, bleibt die Anordnung dem Ministerium vorbehalten.

Artikel 4.

Die Eigenthümer von Fischteichen erhalten nach stattgehabter Abfischung (§ 33 Absatz 6 des Gesetzes) auf Verlangen für die in den Verkehr zu bringenden Fische Ursprungszeugnisse von dem zuständigen Kreis- oder Polizeidirektor ausgestellt.

Aus dem Ursprungszeugniß muß Name und Wohnort des Eigenthümers des Fischteiches, Zahl oder Gewicht und Art der in Verkehr zu bringenden Fische und Zeit und Ort der Abfischung hervorgehen.

Die Zuständigkeit des Kreis- oder Polizeidirektors wird durch die Lage der Gemeinde bestimmt, in welcher sich der Fischteich befindet.

Artikel 5.

Mit der Beaufsichtigung der Fischerei (§ 40 des Gesetzes) sind betraut:

1. die Beamten des Polizei- und Sicherheitsdienstes;
2. die Bürgermeister und deren Beigeordnete;
3. die Forstschutz- und Feldschutzbeamten;
4. die in der Verordnung vom 26. Januar 1880 (Gesetzblatt S. 6) bezeichneten, mit der Wahrnehmung der Fischerei-, Wasser- und Wegepolizei beauftragten Beamten, insbesondere auch die den Bauinspektoren beigegebenen Kulturaufseher;
5. die Steuer-, Zoll- und Oktroibeamten;
6. die eidlich verpflichteten Fischereiaufseher der Gemeinden, öffentlichen Anstalten, Fischereigenossenschaften und sonstigen Fischereiberechtigten.

Zu Ziffer 6 vgl. § 19 des Gesetzes.

Artikel 6.

Verwaltungsbehörde im Sinne des § 46 des Gesetzes ist der Bezirkspräsident.

II. Bestimmungen zur Ausführung der §§ 20 bis 25 des Gesetzes:

Artikel 7.

Die Angelkarten, sowie die Fischerkarten für die nicht schiff- oder flößbaren Wasserläufe werden durch den Bürgermeister des Wohnorts, in den Städten Straßburg, Metz und Mülhausen durch die Polizeidirektoren ausgestellt.

Die Fischerkarten für die in § 1 Absatz 1 des Gesetzes bezeichneten Wasserläufe werden durch die Wasserbauinspektoren ausgestellt.

Vgl. § 21 Abs. 2 und 3 des Gesetzes.

Artikel 8.

Die Karten sind für das Kalenderjahr gültig.

Für die Angelkarten ist eine Gebühr von zwanzig Pfennig, für die Fischerkarten eine solche von einer Mark zu entrichten.[1]

Zweite Ausfertigungen für verlorene oder unbrauchbar gewordene Karten werden nur gegen nochmalige Entrichtung der Gebühr ertheilt.[2]

1. Zu Absatz 1 und 2 vgl. § 21 Abs. 4 des Gesetzes.

2. Die Unentgeltlichkeit der 2. Ausfertigung würde nur der Unachtsamkeit des Karteninhabers Vorschub leisten. Bei der Geringfügigkeit der Gebühr, namentlich bei den Angelkarten, kann die Bestimmung nicht als drückend empfunden werden.

Unbrauchbar ist die Karte, wenn sie ihren Zweck, als Legitimation des Inhabers zu dienen, nicht mehr erfüllt, namentlich also, wenn der Name des Inhabers, das Jahr der Ausstellung und die ausstellende Behörde nicht mehr mit Sicherheit zu erkennen sind.

Artikel 9.

Anträge auf Ertheilung von Angel- oder Fischerkarten sind bei den in Artikel 7 genannten Behörden mündlich oder schriftlich (auf freiem Papier) zu stellen.[1]

Die zur Durchführung der Bestimmungen der §§ 23 und 24 des Gesetzes erforderlichen Erhebungen haben von Amtswegen stattzufinden.[2]

Die Ungültigkeitserklärung und die Einziehung einer ertheilten Fischer- oder Angelkarte (§ 23 Absatz 3 und § 24 Absatz 4 des Gesetzes) erfolgt durch die Behörde, welche dieselbe ausgestellt hat.

1. Vgl. § 25 des Gesetzes 2. Satz.

2. Dem eine Karte Nachsuchenden kann z. B. nicht aufgegeben werden, nachzuweisen, daß er das erforderliche Alter schon erreicht hat oder daß er die in § 29 des Gesetzes angeführten Strafen nicht erlitten hat. In den meisten Fällen wird es aber in seinem eigenen Interesse liegen, selbst die erforderlichen Nachweise zu liefern, da sonst durch langwierige amtliche Erhebungen die Ausstellung der Karte verzögert wird.

Artikel 10.

Ueber die ausgestellten Karten ist bei der ausstellenden Behörde ein Verzeichniß zu führen, aus welchem die Nummer der Karte, das Datum der Ausstellung, der Name, der Stand und der Wohnort des Karteninhabers und die von demselben gezahlte Gebühr hervorgehen muß.

Artikel 11.

Die Ausstellung der Karten erfolgt nach den in der Anlage vorgeschriebenen Mustern.

Für die Jahre mit geraden Jahreszahlen und für die Jahre mit ungeraden Jahreszahlen werden verschiedenfarbige Karten ausgegeben.

Die Karten sind, und zwar Angel- und Fischerkarten getrennt, für jedes Kalenderjahr mit fortlaufenden Nummern zu versehen.

Artikel 12.

Der Bedarf an Karten wird von den Polizeidirektoren und Wasserbauinspektoren unmittelbar, von den Bürgermeisterämtern durch Vermittlung der Kreisdirektoren beschafft.

Die Kartenformulare sind als geldwerthe Papiere zu behandeln und sicher aufzubewahren. Ueber dieselben ist von der aufbewahrenden Behörde ein Bestandsverzeichniß zu führen, aus welchem jederzeit die Zahl der beschafften, der ausgestellten oder abgegebenen und der noch vorhandenen Karten hervorgehen muß.

Artikel 13.

Die für Ausstellung der Karten zu zahlende Gebühr wird bei Empfang der Karte an die ausstellende Behörde entrichtet. Eine besondere Quittung über die geschehene Zahlung wird nicht ertheilt.

Bei den Polizeidirektionen bewahrt der Büreauvorsteher, bei den Wasserbauinspektionen ein von dem Wasserbauinspektor zu bezeichnender Beamter, bei den Bürgermeisterämtern der Bürgermeister oder ein von demselben zu bezeichnender Gemeindebeamter die eingehenden Gebührenbeträge gesondert auf.

Die Polizeidirektoren und Wasserbauinspektoren übersenden den Bürgermeisterämtern bis zum 10. Juli und 10. Januar eines jeden Jahres einen Auszug aus dem von ihnen zu führenden Verzeichniß (Artikel 10), aus welchem die Zahl der Karten, welche bis zum 30. Juni und 31. Dezember für die betreffende Gemeinde ausgestellt worden sind, und die Höhe der der Gemeinde zufallenden Gebühren ersichtlich sein müssen. Die Bürgermeister ertheilen hierauf den Gemeinderechnern durch Vermittlung des Kassenkontroleurs Anweisung, die bei den Polizeidirektionen und den Wasserbauinspektoren beruhenden Gebühren zu erheben. Ueber die erhaltenen Beträge ertheilen die Gemeinderechner stempelfreie Quittung.

Bis zu denselben Terminen (10. Juli und 10. Januar) erhält der Gemeinderechner auf Grund eines Auszuges aus den bei dem Bürgermeisteramte geführten Kartenverzeichnissen in der vorbezeichneten Weise Anweisung, die bei dem Bürgermeister oder dem mit Bewahrung der Gebühren beauftragten Gemeindebeamten beruhenden Gebührenbeträge gegen Ertheilung einer stempelfreien Quittung einzuziehen.

Die Auszüge aus den Kartenverzeichnissen bleiben als Beläge bei den Gemeinderechnungen.

Die Vereinnahmung der Gelder durch die die Karte ausstellende Behörde ist zur Bequemlichkeit des Publikums getroffen, welches sonst ungeachtet des geringfügigen Betrages der Gebühr mit zwei verschiedenen

Beamten (mit dem Gemeinderechner und mit der ausstellenden Behörde) in Verbindung treten müßte.

Artikel 14.

Nach Schluß des Kalenderjahres, spätestens bis zum 1. Februar, haben die Bürgermeister die nicht verwendeten Karten dem Kreisdirektor zurückzusenden.

Der Kreisdirektor stellt fest, ob die nicht an ihn zurückgelangenden Karten bestimmungsgemäß Verwendung gefunden haben, und ob die vorgeschriebenen Gebühren richtig erhoben sind.

Die Kreis- und Polizeidirektoren und die Wasserbauinspektoren haben die nach Schluß des Kalenderjahres noch bei ihnen vorhandenen oder ihnen wieder zugehenden unausgefüllten Karten zur Verwendung im nächstfolgenden Kalenderjahre zu verwahren.

Artikel 15.

Die Gemeindeaufsichtsbehörden haben darüber zu wachen, daß in die Budgets der Gemeinden, und zwar das erste Mal in das Ergänzungsbudget für 1892/93, ein Einnahmetitel für die Kartengebühren eingesetzt wird.

Die Gebühren sind als ordentliche Einnahmen zu verrechnen.

III. Schlußbestimmungen.

Artikel 16.

Diese Verordnung tritt am 15. Juni 1892 gleichzeitig mit dem Gesetz, betreffend die Fischerei, vom 2. Juli 1891 in Kraft; Fischer- und Angelkarten können jedoch schon vom 1. Juni 1892 ab ausgestellt werden.

Straßburg, den 29. April 1892.

Ministerium für Elsaß-Lothringen.

Abtheilung für Finanzen, Landwirthschaft u. Domänen.
Der Unterstaatssekretär
von Schraut.

Abtheilung des Innern.
Der Unterstaatssekretär
von Köller.

III. A. 1676/92.
I. D. 2561/92.

Anlage:

A. Fischerkarte für schiff- und flößbare Wasserläufe.

I. Vorderseite.

Elsaß- Lothringen.

Fischer-Karte Nr. ....

zur Ausübung der Fischerei in schiff- und flößbaren Wasserläufen

gültig für das Jahr achtzehnhundert .... undneunzig

für Herrn ....

aus ....

.............................., den 189

(Siegel.)

Der Kaiserliche Wasserbau-Inspektor:

....

Gebühr: **Eine Mark.**

Der Fischer hat die Fischerkarte beim Fischen mit sich zu führen. Auf Erfordern der Fischerei-Aufsichtsbeamten und deren Vorgesetzten, sowie der Eigenthümer und ihrer Vertreter, der Pächter und Unterpächter der Fischerei an den Oertlichkeiten, wo Inhaber dieser Karte die Fischerei ausübt, ist derselbe gehalten, sich alsbald über seine Berechtigung zum Fischen auszuweisen.

II. Rückseite.

Schonzeiten: Es bedeuten die schraffierten Felder die Schonzeit, die Zahlen die Tage des Beginns und das Ende der Schonzeit.

Fischgattung.	Mindestmaß. cm	Jan.	Febr.	März	April	Mai	Juni	Juli	Aug.	Sept.	Okt.	Nov.	Dez.
Aeschen	25			▒	▒								
Regenbogenforellen	20			▒	▒								
Zander (Schill)	35				▒	▒							
Barsch	20				▒	▒							
Karpfen	25					▒	▒						
Barben	25					▒	▒						
Schleien	20					▒	▒						
Seeforellen	33										▒	▒	▒
Fluß- und Bachforellen	20	▒									10 ▒	▒	▒
Saiblinge (Rötheli)	25											▒	▒
Lachse (Salmen)	50											11 ▒	▒ 24
Felchen und Maränen	20											15 ▒	▒ 15
Rufolk (Rutte, Quappe, Trusche, Aalraupe)	20	▒ 15											15 ▒
Aal	35												
Hecht	33												
Krebse	8	▒	▒	▒	▒							▒	▒

B. Fischerkarten für nicht schiff- und flößbare Wasserläufe.

I. Vorderseite.

Elsaß- Lothringen.

Fischer-Karte Nr. ....

zur Ausübung der Fischerei in nicht schiff- und flößbaren Wasserläufen
gültig für das Jahr achtzehnhundert.........undneunzig

für Herrn ....

aus ....

.........................., den .... 189 .

(Siegel.)

Der ....

Gebühr: **Eine Mark.**

Der Fischer hat die Fischerkarte beim Fischen mit sich zu führen. Auf Erfordern der Fischereiaufsichtsbeamten und deren Vorgesetzten, sowie der Eigenthümer und ihrer Vertreter, der Pächter und Unterpächter der Fischerei an den Oertlichkeiten, wo Inhaber dieser Karte die Fischerei ausübt, ist derselbe gehalten, sich alsbald über seine Berechtigung zum Fischen auszuweisen.

II. Rückseite.

Wie bei A.

C. Angelkarte.

I. Vorderseite.*)

Elsaß-Lothringen.

Angel-Karte Nr. ....

zur Ausübung der freien Angelfischerei in den in § 1 Absatz 1 des Gesetzes, betr. die Fischerei, vom 2. Juli 1891 bezeichneten Wasserläufen

gültig für das Jahr achtzehnhundert .... undneunzig

für Herrn ....

aus ....

(Siegel.) ...., den .... 189 .

Der ....

Gebühr: 20 **Pfennig.**

Der Angelfischer hat die Angelkarte beim Angeln mit sich zu führen. Die freie Angelfischerei wird mittelst der schwimmenden, in der Hand gehaltenen Angel ausgeübt. Die Angelschnur darf nur e i n e Angel tragen. Die schwimmende Angel darf mit keinem größeren Gewichte als 50 cgr belastet sein. Die freie Angelfischerei mit lebenden Fischen als Köder ist untersagt.

*) Es wird sich empfehlen, daß die Bemerkungen auf der Angelkarte vom Jahre 1893 ab noch einen Zusatz erhalten, welcher dem Wortlaut des Art. 10 der Verordnung betr. die Fischerei (S. 79) entspricht. Für 1892 hätte ein solcher Zusatz mit Rücksicht darauf, daß das Gesetz bereits am 15. Juni in Kraft trat, möglicherweise verwirrend gewirkt.

II. Rückseite.

Wie bei A.

Verordnung

über die Bestimmung von Laich- und Hegeplätzen.

(Central- und Bezirksamtsblatt 1892 A. S. 235.)

Auf Grund der §§ 37, 38 und 39 des Gesetzes, betreffend die Fischerei vom 2. Juli 1891 (Gesetzblatt Seite 69), wird bestimmt, was folgt:

Die in dem nachfolgenden Verzeichniß aufgeführten Strecken von Wasserläufen in Elsaß-Lothringen werden als Laich- und Hegeplätze für die Zeit vom 15. Juni 1892 bis 31. Dezember 1896 einschließlich bestimmt.

Straßburg, den 9. Mai 1892.

Ministerium für Elsaß-Lothringen.

Abtheilung für Finanzen, Landwirthschaft u. Domänen.
Der Unterstaatssekretär
von Schraut.

Abtheilung des Innern.
Der Unterstaatssekretär.
von Köller.

III. A. 1948.
I. D. 2802.

Verzeichniß

der zu Schonrevieren bestimmten Strecken der Ströme, Flüsse und Kanäle in Elsaß-Lothringen.

Laufende Nr.	Bezeichnung des Stromes, Flusses oder Kanals.	Grenzen des Schonreviers.	Gemeinde.	Ungefähre Länge des Schonreviers Meter
		A. Bezirk Unter-Elsaß.		
1	Rhein.	Die Strecke, welche begrenzt ist: von der Landseite durch das Sommerdämmchen in der Oberau von der westlichen Altwassersperre am „Unter Streck den Arm" bis Gruppe II km 15 des Hauptrheindammes und durch diesen von Gr. II km 15 bis Gr. II km 18;	Schönau.	4 200

Laufende Nr.	Bezeichnung des Stromes, Flusses oder Kanals.	Grenzen des Schonreviers.	Gemeinde.	Ungefähre Länge des Schonreviers. Meter.
1		aufwärts durch die Altwassersperren am „Unter Streck den Arm“; auf der Rheinseite theilweise durch die Grenzlinie 59—60 und theilweise durch die Rheinkorrektionslinie 82,5 bis 83,500; abwärts durch die gerade Linie von Rheinkilometer 83,5 nach Gr. II km 18 des Hauptrheindammes.		
2	Rhein.	Die Strecke, welche begrenzt ist: südlich durch die Banngrenze Rheinau—Sundhausen vom Rhein unterhalb km 86 bis zum Hauptrheindamm, nördlich durch den Schaftheuquerdamm, westlich durch den Hauptrheindamm von der Banngrenze Rheinau—Sundhausen bis zum Anschluß an den Schaftheuquerdamm, östlich durch das Rheinufer (Parallelwerk) vom Schnitt desselben mit der Banngrenze Rheinau—Sundhausen bis zum Schaftheuquerdamm.	Rheinau.	2 000
3	"	Das Schonrevier des Geisengießen wird begrenzt: durch die geradlinige Fortsetzung der Achse des Hauptrheindammes Gr. II km 43 auf 44 über die Kraft oberhalb der neuen Kraftschleuse; weiter durch den Hauptrheindamm Gr. III abwärts bis km 7; von da ab durch eine gerade Linie nach dem Rheinufer km 114; weiter durch den Rückstaudamm am rechten Ufer des Geisengießen, von dessen Abzweigung vom Hauptrheindamm Gr. II km 44,780 oberhalb der dortigen Kraftschleuse bis zu dem Punkte, wo die Verlängerung der geradlinigen Achse des Rückstaudammes das linke Ufer des Geisengießen trifft.	Plobsheim und Eschau.	4 000

7

Laufende Nr.	Bezeichnung des Stromes, Flusses oder Kanals.	Grenzen des Schonreviers.	Gemeinde.	Ungefähre Länge des Schonreviers Meter.
3		Von letzterem Punkte folgt die Grenze dem linken Ufer des Geisengießen und schließt bei Rheinkilometer 114. Nicht einbegriffen ist der Wildengießen bis zu seiner Mündung in den Geisengießen nebst dem sogenannten Sommerflüthel.		
4	Rhein.	Das Schonrevier „Steingießen" wird begrenzt: rheinaufwärts durch den Weg, welcher vom Hauptrheindamm Gr. IV km 13,900 nach dem Stein 87 der Rheingrenzlinie führt, und weiter durch diese Grenzlinie von Stein 87 bis Rheinkilometer 133; rheinwärts durch den Querdamm am Stangenkopf vom Hauptrheindamm Gr. IV km 16,800 nach dem Rheinufer bei km 134; landwärts durch den Hauptrheindamm Gr. IV km 13,900 bis km 16,800; rheinwärts durch die Normallinie der Rheinkorrektion km 133 bis km 134.	Straßburg und Wanzenau.	3 500
5	"	Das Schonrevier des Sauerbaches umfaßt die Strecke des Sauerbaches von der Selz-Münchhausener Banngrenze an abwärts bis zur oberen Spitze der Insel „Felsengrund".	Münchhausen.	800
6	"	Der Hafen von Lauterburg in seiner ganzen Ausdehnung.	Lauterburg.	600
7	Ill.	Der neue Flußlauf der Ill von der Bezirksgrenze des Ober- und Unter-Elsaß bis zu einem 900 m stromabwärts entfernten Punkte, einschließlich der dazwischen liegenden alten Illarme.	Schlettstadt.	900
8	"	Von der Einmündung der Alt-Ill bis zur oberen Grenze der Gemeinde Ebersmünster.	Müttersholz Ebersmünster.	500
9	"	Von der unteren Grenze der Gemeinde Müttersholz bis zum Stauwehr der Mühle in Ebersmünster.	Müttersholz Ebersmünster.	500

	Bezeichnung des Stromes, Flusses oder Kanals.	Grenzen des Schonreviers.	Gemeinde.	Ungefähre Länge des Schonreviers. Meter.
	Ill.	Von der Speisungsschleuse des Bewässerungssyndikats von Hüttenheim bis zu der Hüttenheimer Illbrücke.	Hüttenheim.	550
1	"	Die 400 m lange Strecke von der Banngrenze Erstein—Nordhausen abwärts.	Nordhausen.	400
2	"	Von einem 500 m oberhalb der Illbrücke an der Straße Nr. 83 gelegenen Punkte bis zur genannten Brücke.	Geispolsheim und Illkirch.	500
3	"	Der linksseitige Illarm auf der Länge der Fischerinsel.	Ostwald.	500
4	"	Der linksseitige Illarm bei der Murhof-Insel und zwar von der unteren Inselspitze gegenüber der Einmündung der alten Breusch bis zu einem 300 m stromaufwärts gelegenen Punkte.	Straßburg.	300
5	Abzweigungen des Illflusses oberhalb Straßburg.	Der Sermersheimer Mühlkanal von seiner Ausmündung in die Ill bis zu einem etwa 300 m oberhalb gelegenen Punkte.	Sermersheim.	300
6	"	Sonderau auf Gemarkung Matzenheim.	Matzenheim.	—
7	"	Das Mittelholzwasser vom Krittdichel bis zur Einmündung der einzelnen Arme in die Ill und zwar:		
		vom Krittdichel bis zur Trennung des inneren und äußeren Armes	—	225
		Innerer Arm	—	625
		Aeußerer Arm	—	1 175
		Von der Wiedervereinigung der beiden Arme bis zur Einmündung in die Ill	—	225
		Jungholzgraben	—	350
		Schützengraben	—	600
8	"	Die Einbuchtung auf der rechten Seite der Ill bei der Gemarkungsgrenze Hipsheim—Eschau, welche im Volksmunde „Quellbrunnen" heißt, in einer Länge von 100 m.	Hipsheim.	100

Laufende Nr.	Bezeichnung des Stromes, Flusses oder Kanals.	Grenzen des Schonreviers.	Gemeinde.	Ungefähre Länge des Schonreviers Meter.
19	Abzweigungen des Illflusses oberhalb Straßburg.	Die Klein-Ill in der Gemarkung Fegersheim von der Einmündung in den schiffbaren Arm der Ill bis zu einem 500 m oberhalb gelegenen Punkte.	Fegersheim.	500
20	"	Der Pulvergraben mit Altwasser und weiter dessen Fortsetzung auf dem rechten Illufer in der Breite desselben und der anschließende Fahrmattgießen bis oberhalb der Einmündung des Grabens zum Fischweiher der Gebrüder Sänger.	Straßburg.	—
21	Abzweigungen der kanalisirten Ill unterhalb Straßburg.	a) das alte Illbett am linken Ufer von dem neuen Wallgraben bis zur Klappbrücke unterhalb der Schiffswerft;	Straßburg.	700
		b) Blutgießen von der Aar bis zur alten Ill.	Straßburg.	150
22	Ill-Rheinkanal.	a) Ill-Rhein-Bassin oberhalb Schleuse 88 des Ill-Rheinkanals;	Straßburg.	—
		b) Ill-Rheinkanal in seiner ganzen Länge.	Straßburg.	2 539
23	Ill.	Der Steingießen von seiner Abzweigung von der Ill am „Buckel" bis zum Hauptrheindamm Gr. IV mit seinem Seitenarm genannt „Alter Steingießen" oder „Hellwasser" und dessen Abzweigung genannt „Fluth".	Straßburg.	4 500
24	"	Das Schonrevier „Alte Ill" umfaßt den linksseitigen Nebenarm der Ill von dessen Abzweigung aus dem Hauptarm bis zu seiner Ausmündung in den Kantonen Vooggrund, Waldköpfle und Klein-Kälberköpfe.	Wanzenau.	2 500
25	Breuschkanal.	Speisungsrigole von Kolbsheim vom Kolbsheimer Wehr bis zum Breuschkanal.	Kolbsheim.	550
26	Rhein-Rhonekanal.	Von Schleuse Nr. 79 bis zur Schleuse Nr. 80 des Rhein-Rhonekanals.	Erstein.	625
27	Saar.	Von 800 m unterhalb des Wehres der Wolfskirchener Mühle auf eine Länge von 800 m stromabwärts.	Wolfskirchen u. Diedendorf.	800
28	"	Von 800 m unterhalb des Wehres der Honauer Mühle auf eine Länge von 800 m stromabwärts.	Schopperten u. Harskirchen.	800

Bezeichnung des Stromes, Flusses oder Kanals.	Grenzen des Schonreviers.	Gemeinde.	Ungefähre Länge des Schonreviers. Meter.
	B. Bezirk Ober-Elsaß.		
Rheinarm.	1. Die Strecke des alten Rheinarmes, genannt Hintergheim, welche begrenzt ist: aufwärts durch die Transversallinie 11 R. M. 11 I. von dem Grenzpunkt 11 ausgehend bis zum Kanal, abwärts durch die Transversallinie 12 R. M. 12, auf der Rheinseite durch die Regulirungslinie und auf der Landseite durch den Rhein-Rhonekanal. Sämmtliche in das so gebildete Viereck gelangenden Arme, mit Ausnahme des Mühlenkanals, gelten als Schonrevier.	Kembs.	3 200
"	2. Die Rheinaltwasser begrenzt: aufwärts von der Transversallinie 37 F. R. M. 37 zwischen der Rheinregulirungslinie und den Hauptrheindamme; abwärts von einer durch Rheinkilometer 46 und Gr. VII km 2 des Hauptrheindammes gehende gerade Linie; gegen den Rhein die Regulirungslinie und landeinwärts durch den Hauptrheindamm.	Fessenheim. Rambsheim.	2 400
Ill.	Die Strecke von der Einmündung der Fecht an, 1200 m stromaufwärts.	Illhäusern.	1 200
	C. Bezirk Lothringen.		
Rhein-Marnekanal (Scheitelstrecke der Vogesen).	Vom westlichen Eingang des kleinen Tunnels bis zum östlichen Eingang des großen Tunnels.	Niederweiler.	3 852
	Weiher von Gondrexange.		
Zum Rhein-Marnekanal gehörige Weiher.	Südlicher Theil. Der westlich der Bucht von Rixingen liegende Graben mit den Buchten Jacob, Joujou und Wenger von km 87,150 bis km 87,430.	Gondrexange.	—

Laufende Nr.	Bezeichnung des Stromes, Flusses oder Kanals.	Grenzen des Schonreviers.	Gemeinde.	Ungefähre Länge des Schonreviers Meter
3	Zum Rhein-Marnekanal gehörige Weiher.	Nördlicher Theil. Die nördlich der Schneuse Murot gelegene Bucht Pferdsmatt.	Gondrexange.	—
4	"	Weiher von Rixingen. Der Wildschweinbach vom 2. Stauwerk mit doppeltem Fall bis zum Einfluß des Baches in den Weiher. Dieser Punkt wird jeweils durch das Zusammentreffen des Bachwassers mit dem Wasser des Weihers bestimmt, gleichviel in welchem Niveau sich letzterer befindet.	Rixingen.	—
5	Saar.	Von der Brücke bei Cubolot bis 100 m unterhalb derselben (rothe Saar).	Waspersweiler und Nitting.	100
6	"	Von der Nittinger Mühle bis 200 m unterhalb derselben (rothe Saar).	Nitting.	200
7	"	Von der Guinguette-Mühle bis 200 m unterhalb derselben (weiße Saar).	Lörchingen.	200
8	"	Von dem Unterhaupt des Kanalaquädukts über die Saar bei Hessen bis zum Oberhaupt der Eisenbahnbrücke daselbst.	Hessen.	80
9	"	Vom Wehr der Hofer Mühle ab bis 200 m unterhalb desselben.	Hof.	200
10	"	Vom Wehr der Saaraltdorfer Mühle ab bis 100 m unterhalb desselben.	Saaraltdorf.	100
11	"	Vom Wehr der Berthelminger Mühle an bis zur Straßenbrücke bei Berthelmingen.	Berthelmingen.	100
12	"	Von der sogenannten Binsfurt gegenüber km 47,55 des Saarkohlenkanals bis km 47,80.	Kalhausen.	250
13	"	Vom Wehr der Diedinger Mühle bis 600 m unterhalb dieser Mühle.	Settingen.	700
14	"	Vom Wehr der Saareinsminger Mühle bis zum Anfange des Zuleitungsgrabens der Remelfinger Mühle.	Saareinsmingen und Remelfingen.	500
15	"	Linksseitige Hälfte der Strecke von km 68,45 bis km 68,55 der kanalisirten Saar.	Großblittersdorf.	100

	Bezeichnung des Stromes, Flusses oder Kanals.	Grenzen des Schonreviers.	Gemeinde.	Ungefähre Länge des Schonreviers. Meter.
6	Saar.	Die linksseitige Flußhälfte der Saar vom Wehrrücken am Wehre zu Blittersdorf abwärts bis zum Ende der Zunge am Schleusenunterhaupte daselbst.	—	1 200
7	Saarkohlenkanal.	Die Strecke von km 11,004 bis 11,570 III. Haltung des Saarkohlenkanals nebst dem linksseitigen Regulirbassin.	Bisping.	566
8	Mosel.	Fortifikationskanal von Diedenhofen in seiner ganzen Länge.	Diedenhofen.	2 000

Verordnung,

betreffend das Verbot des Krebsfanges.

(Central- und Bezirksamtsblatt 1892 A. S. 239.)

Auf Grund des § 31 des Gesetzes, betreffend die Fischerei, vom 2. Juli 1891 (Gesetzblatt Seite 69), und des Artikels 3 Absatz 10 der Verordnung vom 28. April dieses Jahres, betreffend die Fischerei (Central- und Bezirksamtsblatt Seite 221), wird bestimmt, was folgt:

In den, in dem nachstehenden Verzeichnisse aufgeführten Wasserläufen Elsaß-Lothringens ist das Fangen von Krebsen für den Zeitraum vom 16. Juni dieses Jahres bis zum 30. April 1894 einschließlich unbedingt verboten.*)

Straßburg, den 13. Mai 1892.

Ministerium für Elsaß-Lothringen.

Abtheilung für Finanzen, Landwirthschaft u. Domänen. Der Unterstaatssekretär. **von Schraut.**

Abtheilung des Innern. Der Unterstaatssekretär. **von Köller.**

III. A. 1699.

I. D. 2886.

*) Wegen des Marktverbotes vgl. Anm. 4 zu Art. 3 der Fischereiverord. (S. 76).

Verzeichniß
der Wasserläufe, in welchen der Krebsfang verboten ist.

A. Bezirk Ober-Elsaß.

I. Bassin des Rheins.

Augraben von der Brücke unterhalb St. Ludwig bis zur Mündung in den Rhein; Birseckbach bei Leimen von der Steinmühle bis zur Neumühle; Laertzbach bei Niederhagenthal bis zur Schönenbuch-Mühle; Grüngießen bei Vogelgrün und Biesheim; Thierlachgraben von Balgau bis Volgelsheim; Juchert; Rhein-Rhone-Kanal von Illfurt bis Napoleonsinsel.

II. Bassin der Ill.

Ill bis zum Modenheimer Wehr bei Mülhausen und von Horburg bis zur Grenze des Bezirks Ober-Elsaß; Lutterbach bei Lutter entspringend; Bruchwasserbach bei Wolschweiler entspringend; Luppach; Riespach bei Pfirt entspringend; Feldbach von Feldbach, Heimersdorf bis zur Mündung in die Ill bei Hirsingen; Hirzbach bei Bisel entspringend; Krebsbach bei Carspach von der Quelle bis zur Mündung in die Ill; Thalbach von Knöringen bis zur Mündung in die Ill bei Walheim; Orch von Holzweier bis Illhäusern; Blind von Widensolen bis zur Grenze des Bezirks Ober-Elsaß.

III. Bassin der Larg.

Larg von Oberlarg bis zur Mündung in die Ill bei Illfurt; kleine Larg bei Moernach entspringend: mittlere Larg aus 2 Quellbächen bei Bendorf und Liebsdorf entspringend, in ihrem oberen Lauf auch Grumbach genannt; Rosersbach bei Pfetterhausen entspringend; Speisungskanal der Larg; Lutter; Schwarzwasser oder Schwarzbach; Elbbächlein von Ellbach bis zur Mündung in die Larg; Traubach; Sulzbach; Krebsbach zwischen Ammerzweiler und Niederspechbach; Rhein-Rhone-Kanal von Altmünsterol bis Illfurt.

IV. Bassin der Doller.

Doller von Sewen bis Schweighausen; Burbach von Oberburbach bis zur Mündung in die Doller.

V. Bassin der Thur.

Thur von Felleringen bis Ensisheim; Nebengewässer der Thur, insbesondere der Weißbach und Rennerbach, wie überhaupt die Bäche, welche von Goldbach und Altenbach kommen und bei Weiler in die Thur münden; Zwölfmühlenkanal.

VI. Bassin der Lauch.

Lauch von Merxheim bis Hattstadt; Thurarm oberhalb Rufach in die Lauch mündend; Ohmbach.

VII. Bassin der Fecht.

Fecht von Münster bis zu ihrer Einmündung in die Ill bei Illhäusern; Krebsbach bei Weier im Thal in die Fecht einmündend; Weiß von Kaysersberg bis zu ihrer Einmündung in die Fecht.

B. Bezirk Unter-Elsaß.

I. Bassin der Ill.

Ill; Brunwasser; Unterriedgraben; Untermitteln; Blind; Großer Ill-Rheinkanal; St. Pilter Kanal; Kestenholzer Kanal; Holzgießen; Altill; Kleinill; Aar; Scheidbach und Landscheidgraben (Ostwaldbach); Im Schiffweg; Rinnenweg; Zembs; Krummer Rhein; Im Brunnenwasser des Steingießen im Bann von Straßburg.

II. Bassin der Breusch.

Breusch und deren Zuflüsse im Kreise Molsheim; Altdorfarm; Mossig und deren Zuflüsse; Breuschkanal.

III. Bassin der Suffel.

Suffel; Avenheimerbach; Kolbsenbach; Landgraben; Mühlbach (auch Neubächel genannt) im Landkreis Straßburg.

IV. Bassin der Zorn.

Zorn; Zinsel; Mosselbach; Lembach; Rohrbach; Gutleutbach; Landgraben (Minwersheimerbach); Rhein-Marne-Kanal.

V. Bassin der Moder.

Moder; Rothbach; Zinsel; Falkensteinbach; Schwarzbach; Rothgraben; Holderbächel; Massenbächel; Fischbächel; Nonnenthalbächel; Niederbächel.

VI. Bassin der Sauer.

Sauer; Halbmühlbach; Eberbach; Brumbach; Fallgraben oder Hußbach; Steinbach; Heimbach; Wolfs- oder Schmelzbach und Sulzbächel.

VII. Bassin der Saar.

Saar; Eichel; Spiegelbach und Ischbach.

VIII. Bassin der Selz.

Selz; Werschbach; Hausauerbach; Wingenbach; Seebach und Fröschweilerbach.

IX. Bassin der Lauter.

Lauter; Haarbach.

X. Bassin des Gießen.

Gießen mit sämmtlichen Zuflüssen im Kanton Weiler; Leber; Leberkanal; Urbeiser Gießen; Luttenbach.

XI. Bassin der Andlau.

Andlau; Kirneck; Dachsbach; Scheer; Scheernetz.

XII. Bassin des Rheins.

Lachter; Alt-Ischert; Lutter; Krafft; Rhein-Rhone-Kanal.

XIII. Bassin der Ehn.

Ehn; Rosenmeer; Boerscherbach.

C. Bezirk Lothringen.

I. Bassin der Mosel.

Mosel von der französischen Grenze bei La Robe bis zur preußischen Grenze unterhalb Sierck; Orne; Fentsch; Mendenbach; Canner.

II. Bassin der Saar.

Rothe Saar; weiße Saar; vereinigte Saar bis zur preußischen Grenze; Naubach; Rossel; Modenbach; Wölferdinger Bach; Albe; Rode; Gondrexange-Bach; Pfuhlmattgraben im Banne Berthelmingen; Landbach von Stockweiher an; der mit Preußen und Bayern gemeinschaftliche Theil der Blies; Hornbach; Schwalbach; Eichel; Brüsch; Bieber; Otterbach von der alten Mühle Niederweiler ab; Bach von Niederhof; Bach von Combreholz; Bach von St. Quirin; Speiseseen von Gondrexange und Mittersheim.

III. Bassin der Seille.

Seille im Bezirk Lothringen; große Seille; kleine Seille; Verbach; Germinger Bach vom Nollweiher; Oberweiher und Neuweiher bis in den Weiher von Lindre.

IV. Bassin der Nied.

Deutsche Nied; französische Nied; Bibisch.

V. Bassin der Zorn.

Zorn; Zinsel; Falkensteinerbach.

Bekanntmachung.

(Central- und Bezirksamtsblatt 1892 A S. 287.)

Unter Bezugnahme auf die Artikel 4 und 12 der Verordnung, betreffend die Fischerei, vom 28. April 1892 (Central- und Bezirks-Amtsblatt A Seite 221) werden als Strecken der Nebenflüsse des Rheins, welche den Durchzug der Lachse und Maifische zu den Laichstellen vermitteln, bezeichnet:

1. die Mosel, vom Eintritt über die Landesgrenze, bis zum Wiederaustritt;
2. die Jll, abwärts des Wanzenauer Wehres;
3. die Moder, abwärts der Brücke bei Fort-Louis;
4. die Sauer, abwärts der Brücke bei Selz;
5. der Geisengießen bei Plobsheim.*)

Straßburg, den 8. Juni 1892.

Ministerium für Elsaß-Lothringen.

Abtheilung für Finanzen, Landwirthschaft u. Domänen.
Der Unterstaatssekretär
von Schraut.

Abtheilung des Innern.
Der Unterstaatssekretär
von Köller.

III. A. 2245.
I. D. 3416

*) Die Gießen und Altrheine und die zu diesen Wasserläufen führenden Päße sind nicht als Nebenflüsse, sondern als Strecken des Rheins selbst anzusehen.

Bekanntmachung,

betreffend die Verunreinigung von Wasserläufen mit Fischbestand.

(Central- und Bezirksamtsblatt A S. 348 und S. 353 Nr. 86.)

Zum Vollzuge des § 29 Absatz 2 des Gesetzes, betreffend die Fischerei, vom 2. Juli 1891 wird bestimmt, was folgt:

Artikel 1.

Bei Ertheilung der Genehmigung zur Ableitung von den Fischen schädlichen Stoffen und Abfällen aus Fabriken und sonstigen gewerblichen und landwirthschaftlichen Betrieben in einen Wasserlauf ist die Beobachtung folgender Maßregeln anzuordnen:

I. Die Abgänge sind vor Einleitung in den Wasserlauf einer chemischen oder mechanischen Reinigung oder einer Verdünnung mit reinerem Wasser oder einer Abkühlung zu unterwerfen.

Die Reinigung, Verdünnung oder Abkühlung ist in der Weise vorzunehmen, daß von der Ableitung jedenfalls ausgeschlossen sind:

a) Flüssigkeiten, in denen mehr als 10 % suspendirte und gelöste Substanzen enthalten sind;

b) Flüssigkeiten, in denen die nachverzeichneten Substanzen in einem stärkeren Verhältniß als 1 : 1000 enthalten sind, nämlich Säuren, Salze schwerer Metalle, alkalische Substanzen, Arsen, Schwefelwasserstoff, schweflige Säuren und Salze, die schweflige Säuren bei ihrer Zersetzung liefern, ferner Magnesium-, Natrium-, Calcium- und Aluminiumverbindungen.

In den Rhein dürfen diese Substanzen schon bei einem Mischungsverhältniß von 1 : 200 eingeleitet werden;

c) Abwasser, die feste, fäulnißfähige Substanzen enthalten;

d) Dämpfe und Flüssigkeiten, deren Temperatur 50 Centigrade (40° Reaumur) übersteigt.

II. Ferner sind unter allen Umständen von der Einleitung in einen Wasserlauf auszuschließen:

a) chlor- und chlorkalkhaltige Wasser und Abgänge der Gasanstalten und Theerdestillationen,

b) Rohpetroleum und Produkte der Petroleumdestillation.

III. Die Einleitung der Abgänge in einen Wasserlauf hat allmählich, in einer auf längere Zeitdauer sich gleichmäßig vertheilenden Menge zu erfolgen, sofern von dem plötzlichen Zufluß größerer Mengen eine Gefahr für den Fischbestand zu befürchten ist.

IV. Die Einleitung der Abgänge in einen Wasserlauf hat mittels Röhren oder Kanälen stattzufinden, sofern dies nach der Beschaffenheit des Wasserlaufes angängig ist. Die Röhren oder Kanäle müssen bis in den Thalweg oder die Mitte des Wasserlaufs reichen und unter Niederwasser ausmünden. Dieselben sind so anzulegen, daß eine Verunreinigung des Ufers vermieden wird.

Artikel 2.

Die Bekanntmachung, betreffend die Verunreinigung von Fischwassern, vom 9. August 1886 (Central- und Bezirks-Amtsblatt S. 167) wird aufgehoben.

Straßburg, den 27. Juli 1892.

Ministerium für Elsaß-Lothringen.

Abtheilung für Finanzen, Landwirthschaft und Domänen.
Der Unterstaatssekretär
von Schraut.

Abtheilung des Innern.
Der Unterstaatssekretär
Im Auftrage
Harff.

III. A. 3163.
I. D. 4469.

Verordnung,

betreffend die Bildung von Fischereigenossenschaften.

(Central- und Bezirksamtsblatt 1892 A S. 343.)

Zur Ausführung der §§ 14 bis 17 des Gesetzes, betreffend die Fischerei, vom 2. Juli 1891 (Gesetzblatt S. 69), wird bestimmt, was folgt:

I. Bildung autorisirter Genossenschaften.
(§§ 14, 16 und 17 des Gesetzes.)

Artikel 1.

Das Verfahren zur Bildung autorisirter Genossenschaften nach Maßgabe des § 14 des Gesetzes wird von dem Kreisdirektor im Benehmen mit dem Meliorationsbauinspektor auf Antrag von Betheiligten oder von Amtswegen eingeleitet.

Artikel 2.

Der Kreisdirektor verordnet zunächst die öffentliche Prüfung des beabsichtigten Unternehmens (Enquete).

Zu diesem Zwecke sind auf dem Bürgermeisteramte der Gemeinde, auf deren Bezirk sich die Genossenschaft erstrecken soll, oder, wenn dieselbe sich auf die Bezirke mehrerer Gemeinden erstreckt, auf dem Bürgermeisteramte einer der betheiligten Gemeinden nach Wahl des Kreisdirektors während eines Zeitraumes von 10 Tagen offen zu legen:

1. ein Verzeichniß der betheiligten Fischereiberechtigten mit Angabe der Grundstücke nach Katasternummern und Uferlänge, mit welchen jeder einzelne betheiligt ist, soweit nöthig unter Beilage eines Planes oder Handrisses;
2. der Entwurf der Genossenschaftssatzungen.

Auf den Bürgermeisterämtern aller übrigen Gemeinden, auf deren Bezirk sich die Genossenschaft erstrecken soll, ist während eines Zeitraumes von 10 Tagen Abschrift des Entwurfes der Genossenschaftssatzungen offen zu legen.

Artikel 3.

Der Entwurf der Genossenschaftssatzungen hat anzugeben:

1. Zweck, Namen und Sitz der Genossenschaft;
2. eine Bestimmung über die Verwendung der Einkünfte aus der gemeinschaftlichen Fischereinutzung, insbesondere darüber, ob und inwieweit dieselben in die Gemeindekasse fließen, oder nach welchem Maßstab sie vertheilt werden sollen;
3. die Zahl der Vorstandsmitglieder und die erforderlichen Bestimmungen über die Wahl derselben;
4. die Bestimmungen über die Wahl des Vorsitzenden und die Geschäftsordnung des Vorstandes;
5. die Befugnisse des Vorstandes;
6. die Grundsätze über die Berufung und Zusammensetzung der Generalversammlung und über die Bemessung des Stimmrechts der Genossenschaftsmitglieder bei der Generalversammlung; ferner die Angabe des Mindestbetrages der Uferlänge oder des sonstigen Maßstabes für das Interesse, von welchem das Stimmrecht abhängig gemacht wird, und des Höchstbetrages der einem einzelnen Betheiligten zukommenden Stimmen;

7. die Bestimmungen über Zulässigkeit von Aenderungen der Genossenschaftssatzungen;
8. die Bestimmungen über das Verfahren bei etwaiger Auflösung der Genossenschaft.

Artikel 4.

Die Offenlegung ist in jeder der betheiligten Gemeinden in ortsüblicher Weise bekannt zu geben.

Die zehntägige Frist (Art. 2) wird erst vom Tage der Bekanntmachung an gezählt.

Artikel 5.

Während der Dauer der Offenlegung können alle an dem Unternehmen unmittelbar oder mittelbar betheiligten Personen auf dem Bürgermeisteramt einer jeden Gemeinde schriftlich Erklärungen abgeben.

Artikel 6.

Nach Ablauf der zehntägigen Frist übersenden die Bürgermeister die offengelegten Schriftstücke nebst den abgegebenen Erklärungen unter Beurkundung der in Artikel 4 vorgesehenen Förmlichkeiten an den Kreisdirektor.

Artikel 7.

Auf Antrag des Kreisdirektors beraumt der Bezirkspräsident hierauf Termin zur Vornahme der Abstimmung der Betheiligten nach Anhörung des Meliorationsbauinspektors an.

Zeit und Ort der Abstimmung ist in den sämmtlichen betheiligten Gemeinden in ortsüblicher Weise bekannt zu geben. Außerdem ist jeder betheiligte Ufereigenthümer wenigstens eine Woche vor dem Abstimmungstermine persönlich zur Theilnahme an der Abstimmung mit dem Bemerken zu laden, daß er im Falle des Nichterscheinens oder Nichtabstimmens als der Errichtung der Genossenschaft zustimmend angesehen werde.

Die Zustellung der Ladung erfolgt an die Betheiligten mittels Abgabe des Benachrichtigungsschreibens in der Wohnung derselben oder an einen etwa vorhandenen Bevollmächtigten oder an den Pächter oder Verwalter des für die Fischereiberechtigung in Betracht kommenden Grundstücks. Die Zustellung genügt bei Miteigenthümern, Mitnutznießern, Mitpächtern und Mitverwaltern an einen derselben.

Ist die Zustellung in dieser Weise nicht ausführbar, so erfolgt sie durch Niederlegung des Benachrichtigungsschreibens auf dem Bürgermeisteramte der Gemeinde, in welcher das für die Fischereiberechtigung in Betracht kommende Grundstück belegen ist.

Artikel 8.

Die Abstimmungsverhandlungen finden, falls mehrere Gemeinden in Betracht kommen, in derjenigen Gemeinde statt, in welcher das Verzeichniß der Fischereiberechtigten ausgelegen hat (Artikel 2 Ziffer 1).

Die Abstimmung wird durch den Bürgermeister der betreffenden Gemeinde oder einen auf Antrag des Kreisdirektors vom Bezirkspräsidenten zu bezeichnenden Vorsitzenden geleitet. Das Ergebniß der Abstimmung ist zu beurkunden. Die sämmtlichen Verhandlungen sind alsdann dem Kreisdirektor zu übersenden, welcher sie, mit seinem Gutachten versehen, dem Bezirkspräsidenten vorlegt.

Artikel 9.

Ordnet der Bezirkspräsident die Vereinigung der Fischereiberechtigten zu einer autorisirten Genossenschaft an, so hat er für die Bekanntmachung des Beschlusses nach Maßgabe des Artikels 12 Absatz 2 des Gesetzes vom 21. Juni 1865, betreffend die Syndikatsgenossenschaften, Sorge zu tragen und nach Ablauf der Einspruchsfrist (§ 13 des Gesetzes vom 21. Juni 1865) und nach Erledigung der etwa erhobenen Einsprüche die Generalversammlung der Betheiligten zur Wahl der Vorstandsmitglieder (§ 22 des Gesetzes vom 21. Juni 1865) einzuberufen.

Artikel 10.

Die in dieser Verordnung dem Kreisdirektor übertragenen Befugnisse werden für die Städte Straßburg und Metz durch den Bezirkspräsidenten wahrgenommen.

II. Bildung von Genossenschaften durch Beschluß des Gemeinderaths (§ 15 des Gesetzes).

Artikel 11.

Bei der Bildung von Fischereigenossenschaften durch Beschluß des Gemeinderaths tritt an Stelle des unter Abschnitt I bezeichneten Verfahrens die Vernehmung eines unter der Leitung des Bürgermeisters von den Fischereiberechtigten der Gemeinde aus ihrer Mitte zu wählenden Ausschusses von fünf Mitgliedern.

Artikel 12.

Die Satzungen der Genossenschaft werden durch Gemeinderathsbeschluß festgesetzt.

Straßburg, den 31. Juli 1892.

Ministerium für Elsaß-Lothringen.
Abtheilung für Finanzen, Landwirthschaft und Domänen.
Der Unterstaatssekretär
III. A. 2500. **von Schraut.**

Verordnung,

betreffend

die Anbringung von Kennzeichen an den dem Fischfange dienenden Fischerfahrzeugen, Kähnen, Nachen und Fischkästen.

(Central- und Bezirksamtsblatt A 1892 S. 333.)

Auf Grund des § 36 des Gesetzes, betreffend die Fischerei, vom 2. Juli 1891 (Gesetzblatt S. 69) verordne ich für den Bezirk Lothringen, was folgt:

§ 1.

Die Fischerfahrzeuge, Kähne und Nachen müssen am Vorderende auf der rechten und am Hinterende auf der linken Seite Namen und Wohnort des Eigenthümers in deutlicher, weithin lesbarer Schrift in schwarzer Farbe auf weißem Grunde tragen. Daneben ist, sofern ein Fischer im Besitze mehrerer Fischerfahrzeuge, Kähne oder Nachen sich befindet, die laufende Nummer derselben anzubringen.

Die einzelnen Buchstaben und Zahlen müssen mindestens 10 cm Höhe und die Hauptzüge derselben mindestens 1 cm Breite haben.

§ 2.

Die Fischkästen sind auf der oberen Fläche mit einer Metallplatte zu versehen, auf welcher Name und Wohnort des Eigenthümers in Buchstaben von mindestens 15 mm Höhe und 2 mm Breite in den Hauptzügen, deutlich lesbar, hohl eingravirt oder eingepreßt sind.

§ 3.

Gegenwärtige Verordnung tritt sofort in Kraft.

§ 4.

Zuwiderhandlungen gegen diese Verordnung werden nach Maßgabe des § 41 des Fischereigesetzes vom 2. Juli 1891 bestraft.

Metz, den 29. Juni 1892.

Der Bezirkspräsident.

VI. 2493. J. A.: Frhr. **von Kramer.**

Verordnung,

betreffend die Kennzeichnung der Fischerfahrzeuge.

(Central- und Bezirksamtsblatt 1892 A S. 336.)

Auf Grund der §§ 36 und 41 des Gesetzes vom 2. Juli 1891, betreffend die Fischerei, bestimme ich, was folgt:

Art. 1.

An den ohne Beisein des Fischers zum Fischfang ausliegenden Fischerfahrzeugen, Kähnen, Nachen und Fischkästen ist zur Kennzeichnung an einer in die Augen fallenden Stelle ein Blechschild von wenigstens 12 cm Höhe und 20 cm Breite anzubringen, welches in Oelfarbe mit schwarzen Buchstaben auf weißem Grunde den Namen und Wohnort des Fischers, sowie die Bezeichnung des Fischereilooses enthält. Bei Fischkästen ist das Schild auf dem Deckel zu befestigen.

Art. 2.

Bei Genossenschaften gilt vorstehende Bestimmung für das genossenschaftliche Fischereigebiet nur dann, wenn in den Genossenschaftssatzungen keine anderweiten Bestimmungen darüber getroffen sind.

Art. 3.

Wer vorstehender Bestimmung zuwiderhandelt, wird in Gemäßheit des § 41 des Fischereigesetzes bestraft.

Straßburg, den 12. Juli 1892.

Der Bezirkspräsident

I. 4758. Frhr. **von Freyberg.**

Polizeiverordnung.

(Central- und Bezirksamtsblatt A 1892 S. 345.)

Auf Grund des § 36 des Gesetzes, betreffend die Fischerei, vom 2. Juli 1891 (Gesetzbl. S. 69) verordne ich für den Bezirk Ober-Elsaß, was folgt:

§ 1.

Die ohne Beisein des Fischers zum Fischfang ausliegenden Fischerfahrzeuge, Kähne und Nachen müssen am Vorderende auf der rechten und am Hinterende auf der linken Seite in Oelfarbe auf weißem Grunde in schwarzer Schrift den Namen und Wohnort des Eigenthümers sowie gegebenen Falles die Bezeichnung des Fischereilooses tragen. Mehrere im Besitze desselben Fischers befindliche Fischerfahrzeuge, Kähne oder Nachen sind außerdem mit der laufenden Nummer derselben zu versehen.

Die einzelnen Buchstaben und Zahlen müssen mindestens 10 cm Höhe und die Hauptzüge derselben mindestens 1 cm Breite haben.

§ 2.

Die Fischkästen sind mit einem gleichen, aber auf dem oberen Theile (Deckel) befestigten Schilde zu versehen.

§ 3.

Für den Rheinschifffahrtsverkehr bleiben bezüglich der kleineren Fahrzeuge, soweit solche nicht zu den in § 1 dieser Verordnung genannten gehören, die Bestimmungen der Polizeiverordnung vom 27. Januar 1878 II 132 (Amtsblatt für den Bezirk Ober-Elsaß S. 25) in Geltung.

§ 4.

Gegenwärtige Verordnung tritt sofort in Kraft.

§ 5.

Zuwiderhandlungen gegen diese Verordnung werden nach Maßgabe des § 41 des Gesetzes, betreffend die Fischerei, vom 2. Juli 1891 bestraft.

Colmar, den 23. Juli 1892.

Der Bezirkspräsident

III. 5205. **von Jordan.**

Vertrag

zwischen Deutschland, den Niederlanden und der Schweiz, betreffend die Regelung der Lachsfischerei im Stromgebiete des Rheins.

Vom 30. Juni 1885.

(**Reichsgesetzblatt 1886 S. 192 ff.**)

Seine Majestät der Deutsche Kaiser, König von Preußen, mit Zustimmung Seiner Majestät des Königs von Bayern, Seiner Majestät des Königs von Württemberg, Seiner Königlichen Hoheit des Großherzogs von Baden, Seiner Königlichen Hoheit des Großherzogs von Hessen und bei Rhein und Seiner Königlichen Hoheit des Großherzogs von Oldenburg, sowie Seine Majestät der König der Niederlande und der Bundesrath der Schweizerischen Eidgenossenschaft, von dem Wunsche geleitet, zur Hebung des Lachsbestandes die Lachsfischerei im Stromgebiete des Rheins einheitlich zu regeln, haben zur Vereinbarung eines hierüber abzuschließenden Vertrages zu Bevollmächtigten ernannt:

Seine Majestät der Deutsche Kaiser, König von Preußen:
den Herrn Eduard Marcard, Allerhöchstihren Unterstaatssekretär und Wirklichen Geheimen Rath,

Seine Majestät der König der Niederlande:
Jonkheer Dr. Frederik Philippe van der Hoeven, Allerhöchstihren außerordentlichen Gesandten und bevollmächtigten Minister bei Seiner Majestät dem Deutschen Kaiser, König von Preußen,

den Herrn Dr. Eduard Nicolaas Rahusen, Allerhöchstihren Präsidenten des Staatskollegiums für die Seefischereien
und

den Herrn Dr. Philip Adriaan Holsboer, Allerhöchstihren Direktor der Domänen im Finanzministerium,
und

der Bundesrath der Schweizerischen Eidgenossenschaft:
den Herrn Dr. Arnold Roth, Seinen außerordentlichen Gesandten und bevollmächtigten Minister
und

den Herrn Dr. Alfred de Claparède, Legationsrath,
welche, nach Mittheilung und gegenseitiger Anerkennung ihrer Vollmachten, über folgende Punkte übereingekommen sind:

Artikel I.

Im Rheinstrom vom Fall bei Schaffhausen an abwärts und allen Ausflüssen desselben, durch welche Wasser von dem bei Lobith ungetheilten Rhein in das Meer abfließen kann, soll beim Fischfange weder mittelst ständiger Vorrichtungen (Fischwehr, Fach, Zalmsteek), noch mittelst am Ufer oder im Flußbette befestigter oder verankerter Fischereivorrichtungen (Reusen, Sperrnetze) der Stromlauf auf mehr als auf die Hälfte seiner Breite bei gewöhnlichem niedrigen Wasserstande in der kürzesten geraden Linie von Ufer zu Ufer gemessen, für den Zug der Wanderfische versperrt werden dürfen.

Diese Vorschrift soll auch auf die Nebenflüsse des Rheins Anwendung finden; jedoch auf diejenigen Strecken der Nebenflüsse, welche Grenzgewässer mit einem an der Uebereinkunft nicht betheiligten Staate bilden, nur soweit, als in dem Nachbarlande ein gleiches Vorgehen beobachtet wird.

Die an einzelnen Nebenflüssen bestehenden ständigen Fischereivorrichtungen sollen dieser Vorschrift nicht unterliegen, wenn mit denselben eine auf dieses besondere Fangmittel gerichtete Fischereiberechtigung verbunden ist.

Artikel II.

In den im Artikel I (Abs. 1) bezeichneten Strecken des Rheinstroms und in den daselbst (Abs. 2) bezeichneten Nebenflüssen des Rheins, soweit sie den Durchzug der Lachse und Maifische zu den Laichplätzen vermitteln, dürfen Treibnetze beim Fischfange nur angewendet werden, wenn sie zwischen Ober- und Unter-Simm (Ober- und Unter-Leine) nicht über 2,5 m breit sind. Einwandige Netze, welche nur zum Fange von Stör bestimmt und geeignet sind, sollen dieser Beschränkung nicht unterworfen sein.

Mehrere Treibnetze dürfen nur in einer Entfernung von einander ausgeworfen werden, welche mindestens das Doppelte der Länge des größten Netzes beträgt.

Artikel III.

Im Rheinstrom vom Fall bei Schaffhausen an abwärts, in allen Ausflüssen desselben, durch welche Wasser von dem bei Lobith ungetheilten Rhein in das Meer abfließen kann, und in allen Nebenflüssen desselben soll jede Lachsfischerei mit Zegensbetrieb alljährlich auf die Dauer von zwei Monaten verboten sein.

Die Einstellung dieser Fischereibetriebe soll umfassen:

1. auf Königlich niederländischem Gebiete die Zeit vom 16. August bis zum 15. Oktober einschließlich;
2. auf der Strecke von der niederländisch-preußischen Grenze an aufwärts die Zeit vom 27. August bis zum 26. Oktober einschließlich.

Die Regierungen der betheiligten Uferstaaten werden für ihr Gebiet feststellen, welche Fischereibetriebe dieser Vorschrift zu unterwerfen sind, und dabei Vorsorge treffen, daß nicht unter dem Vorwande der Fischerei auf andere Fischarten thatsächlich Lachsfischerei betrieben wird.

Ueber die getroffenen Anordnungen werden sich die Regierungen gegenseitig Mittheilung machen.

Artikel IV.

Von Basel an abwärts soll im Rheinstrom und in denjenigen Strecken seiner Nebenflüsse, welche den Durchzug der Lachse und Maifische zu den Laichstellen vermitteln, sowie in seinen im Artikel I bezeichneten Ausflüssen die Fischerei auf Lachse und Maifische mit Geräthen jeder Art auf die Dauer von 24 Stunden in jeder Woche von Samstag Abend 6 Uhr bis Sonntag Abend 6 Uhr eingestellt werden.

Der Königlich niederländischen Regierung bleibt vorbehalten, für die Lachsfischerei mit Reusen (Steeckfischerei) im Fluthgebiete den Beginn dieser wöchentlichen Schonzeit auf die erste tiefste Ebbe (laag water) nach Samstag Abend 6 Uhr und die Dauer der Schonzeit auf 2 Tiden festzusetzen.

Artikel V.

In denjenigen Strecken der Nebenflüsse des Rheins, in welchen sich geeignete Laichstellen für den Lachs finden, und im oberen Stromlaufe des Rheins selbst von Mannheim—Ludwigshafen an aufwärts bis zum Fall von Schaffhausen soll die Lachsfischerei während der Dauer von mindestens 6 Wochen innerhalb der Zeit vom 15. Oktober bis 31. Dezember nur mit ausdrücklicher obrigkeitlicher Genehmigung betrieben und diese nur ertheilt werden dürfen, wenn die Benutzung der Fortpflanzungselemente (Rogen und Milch) der gefangenen laichreifen oder der Laichreife naheſtehenden Lachſe zum Zweck der künſtlichen Fiſchzucht geſichert iſt. Unter dieſer Vorausſetzung darf die Lachsfiſcherei auch während der wöchentlichen Schonzeit (Art. IV) obrigkeitlich geſtattet werden.

Artikel VI.

Die Vorſchriften der Artikel I bis V dieſer Uebereinkunft finden auf die Moſel von ihrem Austritt aus Elſaß-Lothringen bis Trier und auf alle diejenigen linksſeitigen Nebenflüſſe der Moſel, welche in ihrem Laufe preußiſches und luxemburgiſches Gebiet berühren, keine Anwendung.

Der Königlich preußiſchen Regierung bleibt vorbehalten, die Fiſchereiverhältniſſe dieſer Gewäſſer durch Verſtändigung mit der Großherzoglich luxemburgiſchen Regierung im Sinne dieſer Uebereinkunft zu regeln.

Artikel VII.

Zur Hebung des Lachsbeſtandes im Rheingebiet ſoll darauf Bedacht genommen werden, daß

1. die natürlichen Laichplätze in den Nebenflüſſen den aufſteigenden Lachſen wieder möglichſt erſchloſſen und zugänglich gemacht werden;
2. die Fortpflanzungselemente (Rogen und Milch) der gefangenen Lachſe möglichſt zu Zwecken der künſtlichen Zucht verwendet werden.

Artikel VIII.

Die Regierungen der betheiligten Uferſtaaten werden für ihr Gebiet ein Mindeſtmaaß feſtſtellen, unter welchem Lachſe weder gefangen, noch in den Verkehr gebracht werden dürfen.

Artikel IX.

Die Regierungen der betheiligten Uferſtaaten werden die zum Vollzuge dieſer Uebereinkunft erforderlichen Vorſchriften erlaſſen und deren Uebertretung mit angemeſſenen Strafen bedrohen, auch das zur Handhabung dieſer Vorſchriften erforderliche Aufſichtsperſonal beſtellen.

Durch gegenwärtige Uebereinkunft wird die Befugniß der einzelnen Staaten nicht ausgeſchloſſen, für ihre Gebiete ſtrengere Beſtimmungen zum Schutze der Fiſche zu treffen.

Artikel X.

Jede Regierung der betheiligten Uferſtaaten wird für ihr Gebiet einen Bevollmächtigten beſtellen.

Dieſe Bevollmächtigten werden ſich die von ihren Regierungen getroffenen Anordnungen über das Fiſchereiweſen im Rheingebiete gegenſeitig mittheilen und von Zeit zu Zeit zuſammenkommen, um über die zur Förderung der Lachsfiſcherei im Rheingebiete zu ergreifenden Maßregeln zu berathen.

Artikel XI.

Dieſe Uebereinkunft tritt ſofort nach ihrer Ratifikation in Kraft, bleibt von dieſem Tage an zehn Jahre lang in Wirkſamkeit und, wenn ſie nicht zwölf Monate vor dieſem Zeitpunkte von einer der vertragschließenden Regierungen gekündigt worden ist, weiter von Jahr zu Jahr bis zum Ablauf eines Jahres von dem Tage an gerechnet, an welchem die eine oder andere der vertragschließenden Regierungen die Kündigung erklärt hat.

Artikel XII.

Die gegenwärtige Uebereinkunft soll ratifizirt und die Auswechselung der Ratifikationen soll binnen möglichst kurzer Frist in Berlin bewirkt werden.

Zu Urkund dessen haben die Bevollmächtigten die Uebereinkunft unterzeichnet und ihr Siegel beigedrückt.

So geschehen zu Berlin, am 30. Juni 1885.

(L. S.) Marcard. (L. S.) F. P. van der Hoeven.
(L. S.) A. Roth. (L. S.) E. N. Rahusen.
(L. S.) Alfred de Claparède. (L. S.) Ph. A. Holsboer.

Das vorstehende Uebereinkommen ist ratifizirt worden und die Auswechselung der Ratifikations-Urkunden hat zu Berlin am 7. Juni 1886 stattgefunden.

Schlußprotokoll.

Bei der heute stattgehabten Unterzeichnung der Uebereinkunft zwischen dem Deutschen Reich, dem Königreich der Niederlande und der Schweiz über die Regelung der Lachsfischerei im Stromgebiet des Rheins wurde das Einverständniß der Bevollmächtigten sämmtlicher betheiligten Uferstaaten über folgende Punkte konstatirt:

I.

Auf die in den verlassenen Nebenarmen des Rheins betriebenen Fischereien jeglicher Art sollen die Bestimmungen der Uebereinkunft keine Anwendung finden, sofern diese Nebenarme nicht von beiden Seiten mit dem Hauptstrome derartig in Verbindung stehen, daß die Wanderfische jederzeit frei hindurchziehen können.

II.

Den einschränkenden Vorschriften der Artikel II und III der Uebereinkunft sollen diejenigen Zug- und Treibnetzfischereien unterworfen werden, welche vorzugsweise auf den Fang von Lachsen gerichtet sind; insbesondere auch

a) die mit Treibnetzen — dreiwandigen Netzen — an bestimmten Stellen betriebenen Fischereien;
b) die in den Niederlanden mittelst großer Zugnetze — einwandiger Netze — unter Anwendung von Dampf- oder Pferdekraft betriebenen sogenannten „großen Zegensfischereien“;

c) die vornehmlich auf der niederländischen und der preußischen Flußstrecke unter Anwendung von Zugnetzen — einwandigen Netzen — jedoch ohne Anwendung von Dampf- oder Pferdekraft betriebenen sogenannten „Hand-Zegensfischereien“.

III.

Nach Maßgabe des vorletzten Absatzes des Artikels III der Uebereinkunft soll insbesondere dafür Vorsorge getroffen werden, daß während der Herbstschonzeit nicht der Fang von anderen Wanderfischen, namentlich Schnäpeln (Coregonus oxyrynchus) — holländisch Houting — zum Vorwande genommen wird, um thatsächlich Lachsfischerei zu betreiben.

IV.

Sobald der Beitritt des Großherzogthums Luxemburg zu gegenwärtiger Uebereinkunft erfolgt sein wird, soll der Artikel VI der Uebereinkunft außer Kraft treten.

V.

In Ausführung der Bestimmungen im Artikel V und VII der Uebereinkunft werden die Regierungen der betheiligten Uferstaaten sich die Erhaltung und Vermehrung des Lachsbestandes im Rhein unter ausgiebigster Benutzung der künstlichen Fischzucht angelegen sein lassen.

VI.

Vor der Unterzeichnung der Uebereinkunft und des Schlußprotokolls haben die niederländischen Bevollmächtigten ausdrücklich erklärt, daß die Uebereinkunft Seiner Majestät dem Könige der Niederlande zur Ratifikation erst werde vorgelegt werden, nachdem sie von den Generalstaaten genehmigt worden.

Zu Urkund dessen haben die unterzeichneten Bevollmächtigten das gegenwärtige Protokoll, welches ohne besondere Ratifikation durch die bloße Thatsache des Austausches der Ratifikationen zu der Uebereinkunft, auf die es sich bezieht, als von den betreffenden Regierungen genehmigt und bestätigt gelten soll, aufgenommen und dasselbe mit ihrer Unterschrift versehen.

So geschehen zu Berlin, den 30. Juni 1885.

(L. S.) Marcard.	(L. S.) F. P. van der Hoeven.
(L. S.) A. Roth.	(L. S.) E. N. Rahusen.
(L. S.) Alfred de Claparède.	(L. S.) Ph. A. Holsboer.

Uebereinkunft

zwischen

Elsaß-Lothringen, Baden und der Schweiz

über

die Anwendung gleichartiger Bestimmungen für die Fischerei im Rhein und seinen Zuflüssen, einschließlich des Bodensees.

Nachdem sich die Nothwendigkeit ergeben hat, die zwischen Elsaß-Lothringen, Baden und der Schweiz abgeschlossene Uebereinkunft d. d. Basel, den 25. März 1875 / Mülhausen, den 14. Juli 1877 und die Nachtragsübereinkunft d. d. Colmar, den 21. September 1884, einer Durchsicht zu unterziehen, sind zu diesem Zwecke:

Seitens der Kaiserlichen Regierung von Elsaß-Lothringen:

der Ministerialrath Hugo Freiherr von Bibra;

Seitens der Großherzoglich Badischen Regierung:

der Ministerialrath Adolf Buchenberger und der Legationsrath Adolf Freiherr von Marschall;

Seitens des Schweizerischen Bundesraths:

der Oberforstinspektor Johann Coaz

zu Bevollmächtigten bestellt worden und haben unter Vorbehalt der Ratifikation folgende Uebereinkunft abgeschlossen:

Artikel 1.

Beim Fischfang im Rhein und dessen Zuflüssen, soweit darin Wanderfische (Lachse und Maifische) vorkommen, ist jede ständige Fischereivorrichtung (Fischwehr, Fach) und jede am Ufer oder im Flußbett befestigte oder verankerte Vorrichtung (Reusen, Sperrnetze) verboten, welche den Wasserlauf auf mehr als die Hälfte seiner Breite, bei gewöhnlichem niedrigem Wasserstande, in der kürzesten Linie von Ufer zu Ufer gemessen, für den Zug der Wanderfische versperrt.

Die Entfernung zwischen den einzelnen Pfählen, welche die zum Lachsfange bestimmten Fischwehre (Fache) bilden, sowie zwischen den Querverbindungen dieser Pfähle, muß mindestens 10 cm im Lichten betragen.

Mehrere solcher ständiger und am Ufer oder im Flußbett befestigter oder verankerter Fischereivorrichtungen, sowie mehrere feststehende Netze dürfen gleichzeitig auf derselben Uferseite oder auf der entgegengesetzten Uferseite nur in einer Entfernung von einander angebracht sein, welche mindestens das Doppelte der Länge der betreffenden Vorrichtung beträgt.

Sind die Vorrichtungen von verschiedener Länge, so ist für die betreffende Entfernung die größere Länge maßgebend.

Auf sogenannte Altrheine (Gießen) finden obige Bestimmungen keine Anwendung, insofern dieselben nicht von beiden Seiten mit dem Hauptstrom derartig in Verbindung stehen, daß die Wanderfische jederzeit frei hindurchziehen können.

Artikel 2.

Fanggeräthe jeder Art und Benennung dürfen nicht angewendet werden, wenn die Oeffnungen (bei Maschen in nassem Zustande) in Höhe und Breite nicht wenigstens folgende Weiten haben:

a) beim Lachsfange: Geflechte (Körbe, Reusen) und Treibnetze 6 cm, das Innere der Reusen (Reusenschlupf) 4 cm;

b) beim Fang anderer großer Fischarten 3 cm;

c) beim Fang kleiner Fischarten 2 cm.

Im Rhein zwischen Schaffhausen und Basel dürfen jedoch beim Fischfang überhaupt keine Netze verwendet werden, deren Oeffnungen, gemessen wie oben angegeben, weniger als 3 cm betragen.

Bei der Kontrole der Geflechte und Netze ist eine Abweichung von einem Zehntheil nicht zu beanstanden.

Zum Zwecke des Fangens von Futterfischen für die Fischzucht-Anstalten und von Köderfischen kann von der Aufsichtsbehörde unter den geeigneten Kontrolmaßregeln der Gebrauch von Netzen mit geringerer Maschenweite gestattet werden; doch wird dadurch an den Bestimmungen über Mindestmaße (Art. 5) und Schonzeiten (Art. 6) der Fische nichts geändert.

Artikel 3.

Treibnetze dürfen nicht derart ausgesetzt und befestigt werden, daß sie festliegen oder hängen bleiben.

Im Rheinstrom vom Fall bei Schaffhausen an abwärts und seinen Nebenflüssen, soweit sie den Durchzug der Lachse und Maifische zu den Laichplätzen vermitteln, dürfen Treibnetze beim Fischfang nur angewendet werden, wenn sie zwischen Ober- und Unter-Aehre (Leine) nicht über 2,5 m breit sind.

Mehrere Treibnetze dürfen nur in einer Entfernung von einander ausgeworfen werden, welche mindestens das Doppelte der Länge des größten Netzes beträgt.

Sollte die am Niederrhein vorkommende Lachsfischerei mit Zegensbetrieb im Gebiet des Oberrheins eingeführt werden, so bleibt dieselbe in der Zeit vom 27. August bis zum 26. Oktober einschließlich verboten.

Artikel 4.

Es ist verboten:

1. die Anwendung explodirender oder sonst schädlicher Stoffe (insbesondere von Dynamit, Sprengpatronen, giftigen Ködern und von Mitteln zur Betäubung der Fische);

2. die Anwendung von Fallen mit Schlagfedern, Fischgabeln und Geeren (Harpunen), Schießwaffen und andern derartigen Fangmitteln, welche eine Verwundung der Fische herbeiführen können. Der Gebrauch von Angeln ist gestattet;
3. die Anlegung neuer sogenannter Selbstfänge; die bereits bestehenden müssen mit Oeffnungen versehen sein, deren Weite der für die Maschenweite der Netze (Art. 2) vorgeschriebenen entspricht;
4. die Anwendung von Reusen zum Lachsfang während der Zeit vom 20. Oktober bis 24. Dezember;
5. das Trockenlegen der Wasserläufe zum Zwecke des Fischfangs;
6. der Fang zur Nachtzeit unter Anwendung menschlicher Thätigkeit. Ausnahmen von diesem Verbot (insbesondere hinsichtlich der Fischerei auf Lachse und Maifische) können durch die Aufsichtsbehörde zugelassen werden.

Artikel 5.

Die nachbenannten Fischarten dürfen weder feilgeboten noch verkauft werden, wenn die Fische, von der Kopfspitze bis zum Schwanzende (Schwanzspitzen) gemessen, nicht wenigstens folgende Längen haben:

Lachs (Salm, Salmo Salar L.)	50 cm;
Aal (Anguilla fluviatilis (Flem.)	35 cm;
Zander (Schill, Lucioperca Sandra L.)	
Hecht (Esox lucius L.)	30 cm;
Seeforelle (Trutta lacustris L.)	
Aesche (Thymallus vulgaris Nils.)	25 cm;
Saibling (Rötheli, Salmo salvelinus L.)	
Barbe (Barbus fluviatilis Agass.)	
Fluß- und Bachforelle (Trutta Fario L.)	20 cm;
Regenbogenforelle (Salmo irideus Gibb.)	
Weißfelchen (Sandfelchen, Coregonus Fera Jur.) . .	
Blaufelchen (Coregonus Wartmanni Bloch) . . .	
Kropffelchen (Kilch, Coregonus hiemalis Jur.) . .	
Große Maräne (Coregonus Maraena Bloch) . . .	
Amerikanische Maräne (White-fish, Coregonus albus)	
Schleie (Tinca vulgaris Cuv.)	

Werden untermäßige Fische gefangen, so sind dieselben sofort wieder in das Wasser zu setzen.

Artikel 6.

Für die nachbenannten Fischarten werden folgende Schonzeiten, während welcher dieselben nicht gefangen werden dürfen, festgesetzt:
1. vom 1. März bis 30. April für Aeschen und Regenbogenforellen;
2. vom 1. April bis 31. Mai für Zander;
3. vom 1. Oktober bis 31. Dezember für Seeforellen;
4. vom 10. Oktober bis 10. Januar für Fluß- und Bachforellen;
5. vom 1. November bis 31. Dezember für Saiblinge (Rötheli);

6. vom 11. November bis 24. Dezember für Lachse (Salmen);
7. vom 15. November bis 15. Dezember für Felchen (Weiß-, Blau-, Kropffelchen und Maränen).

Der Fang der sogenannten Silber- oder Schweb- (unfruchtbaren) Forellen im Bodensee während der Schonzeit ist gestattet.

Werden beim erlaubten Fang Fische, welche der Schonzeit unterliegen, mitgefangen, so sind dieselben sofort wieder in das Wasser zu setzen.

Die Fischerei auf Lachse (Salmen), ebenso diejenige auf Felchen (Weiß-, Blau-, Kropffelchen und Maränen) kann auch während der Schonzeit (Absatz 1) betrieben werden, jedoch nur mit ausdrücklicher Erlaubniß der zuständigen Behörde. Diese Erlaubniß ist nur zu ertheilen, wenn Sicherheit besteht, daß die Fortpflanzungselemente (Rogen und Milch) der gefangenen laichreifen Fische zu Zwecken der künstlichen Fischzucht Verwendung finden.

Wo letztere Voraussetzung vorliegt oder wo Fische zu wissenschaftlichen Untersuchungen verwendet werden sollen, kann auch hinsichtlich der anderen obenerwähnten Fischarten (Absatz 1) die Erlaubniß zum Fang durch die zuständige Behörde während der Schonzeit in einzelnen Fällen ertheilt werden.

Artikel 7.

Im Bodensee darf außerdem in der Zeit vom 15. April bis Ende Mai die Netzfischerei nur an den tiefen Stellen des Sees mit schwebenden Netzen und unter sorgfältiger Vermeidung jeder Berührung der Halden (abfallenden Seeufer), der Reiser und der gesammten Wasserflora (Kräbs) ausgeübt werden.

Artikel 8.

Im Rheinstrom und in denjenigen Strecken seiner Nebenflüsse von Basel an abwärts, welche den Durchzug der Lachse und Maifische zu den Laichstellen vermitteln, soll die Fischerei auf Lachse und Maifische mit Geräthen jeder Art auf die Dauer von 24 Stunden in jeder Woche vom Samstag Abend 6 Uhr bis Sonntag Abend 6 Uhr eingestellt werden.

Artikel 9.

Fische, deren Fang unter einem bestimmten Maß (Art. 5) oder deren Fang zu einer bestimmten Zeit (Art. 6) verboten ist, dürfen im ersten Falle nicht unter diesem Maß, im andern Fall nicht während dieser Zeit — die ersten drei Tage ausgenommen — feilgeboten, verkauft oder versendet werden. Unter den gleichen Voraussetzungen ist auch die Verabreichung solcher Fische in Wirthschaften zu untersagen.

Auf Lachse und Felchen, zu deren Fang gemäß Artikel 6 vorletzter Absatz Erlaubniß ertheilt worden ist, findet dieses Verbot keine Anwendung. Außerdem können in außerordentlichen Fällen, wie bei Abfischung von Teichen in Folge von Naturereignissen oder sonstigen Nothstandes (z. B. durch Abschlagen von Wasserläufen ꝛc.), sowie für Fische, welche zu Zwecken der Fischzucht bestimmt sind, die zuständigen

Behörden unter der geeigneten Kontrole ausnahmsweise Bewilligung zum Verkauf und Versand ertheilen.

Artikel 10.

Es ist verboten, in Fischwasser Fabrikabgänge oder andere Stoffe von solcher Beschaffenheit und in solchen Mengen einzuwerfen, einzuleiten oder einfließen zu lassen, daß dadurch dem Fischbestand Schaden erwächst oder die Fische vertrieben werden.

Ob und in wie weit die obige Vorschrift auf die bereits bestehenden Ableitungen aus landwirthschaftlichen oder aus gewerblichen Anlagen Anwendung finden soll, wird von der zuständigen Behörde bestimmt werden.

Artikel 11.

Jede Regierung der betheiligten Uferstaaten bestellt für ihr Gebiet einen Bevollmächtigten.

Diese Bevollmächtigten werden sich die von ihren Regierungen getroffenen Anordnungen über das Fischereiwesen im Rheingebiet gegenseitig mittheilen und von Zeit zu Zeit zusammenkommen, um über die zur Förderung der Fischerei im Rheingebiet zu ergreifenden Maßregeln zu berathen.

Artikel 12.

Die kontrahirenden Regierungen verpflichten sich, in den Gesetzen und Verordnungen über Ausübung der Fischerei die in den Artikeln 1 bis 11 enthaltenen Bestimmungen, soweit thunlich, durchzuführen.

Durch gegenwärtige Uebereinkunft wird die Befugniß der einzelnen Staaten nicht ausgeschlossen, für ihre Gebiete strengere Bestimmungen zum Schutz der Fischerei zu treffen.

Artikel 13.

Das Geltungsgebiet dieser Uebereinkunft ist der Bodensee und der Rhein vom Ausfluß aus dem Bodensee an abwärts. Die Bestimmungen der Uebereinkunft, welche auf die Wanderfische (Lachse und Maifische) Bezug haben, gelten auch für die Zuflüsse des Rheins.

Artikel 14.

Diese Uebereinkunft tritt alsbald nach ihrer Ratifikation in Kraft und bleibt von diesem Tag an zehn Jahre lang in Wirksamkeit. Nach Ablauf von zehn Jahren, vom Tag des Ratifikationsaustausches gerechnet, soll es jedem der drei vertragschließenden Theile freistehen, jederzeit mit einjähriger Kündigungsfrist von der Vereinbarung zurückzutreten.

Artikel 15.

Die gegenwärtige Uebereinkunft soll ratifizirt und die Auswechslung der Ratifikationserklärungen thunlichst bald bewirkt werden.

Dessen zur Urkunde haben die Bevollmächtigten gegenwärtige Uebereinkunft in dreifacher Ausfertigung vollzogen.

Geschehen zu Luzern am achtzehnten Mai eintausend achthundert siebenundachtzig (1887).

Buchenberger.

von Bibra. Coaz.

von Marschall.

Schlußprotokoll.

Bei Unterzeichnung der Uebereinkunft, betreffend die Regelung der Fischereiverhältnisse im Rheine und seinen Zuflüssen einschließlich des Bodensees, haben die Bevollmächtigten für dienlich und erforderlich erachtet, in dem gegenwärtigen Schlußprotokolle folgende Erklärungen und Erläuterungen niederzulegen:

I.

Es herrscht unter den Bevollmächtigten Uebereinstimmung dahin, daß die zeitweise gänzliche Absperrung eines Wasserlaufs für zuläßig erachtet und gestattet werden könne, wenn in Folge Abschlagens von Fischwassern, in Folge Wassermangels oder anderer Ereignisse der Fischbestand zu Grunde zu gehen droht. (Art. 1.)

II.

Es wird festgestellt, daß bei Angabe von Fristen sowohl der erste als der letztgenannte Tag als eingeschlossen zu gelten haben. (Art. 4 Ziff. 4 und Art. 6 der Uebereinkunft.)

III.

Es bleibt vorbehalten, für das Fischereigebiet des Untersees auch bezüglich anderer als der in Art. 6 bezeichneten Fischarten Schonzeiten festzusetzen.

IV.

Es wird hier ausdrücklich hervorgehoben, daß die Festsetzungen d. d. Basel, den 22./23. Oktober 1883 und die im Vollzug derselben erlassenen Vorschriften durch die gegenwärtige Uebereinkunft nicht berührt werden.

V.

Unter den Bevollmächtigten besteht Einverständniß darüber, daß die seiner Zeit gegenseitig übernommene Verpflichtung, alljährlich eine nach der Uferlänge vom Rheinfall bei Schaffhausen abwärts bemessene Anzahl junger Lachse (auf den Kilometer Uferlänge mindestens tausend Stück) in das Rheingebiet einzusetzen, für die Dauer der gegenwärtigen Uebereinkunft in Geltung zu bleiben habe.

VI.

Es wird als wünſchenswerth erachtet, daß künftig in den Bodenſee und Rhein neue Fiſcharten nicht ohne vorgängige gegenſeitige Verſtändigung der Regierungen der Uferſtaaten eingeſetzt werden.

Geſchehen zu Luzern, den 18. Mai 1887.

Buchenberger.

von Bibra. Coaz.

von Marſchall.

Ueberſicht
über
die Bezirke der Waſſerbauinſpektoren.

I. Waſſerbaubezirk Colmar (Rhein).

Rhein von der Schweizer Grenze bis zur Rheinauer Schiffbrücke mit der entſprechenden Dammſtrecke — Parallel-Werke von Kilometer 0 bis 93 und Dämme bis Gruppe II Kil. 28,200 (Kreuzung der Zufuhrſtraße zur Rheinauer Schiffbrücke und des Hauptrheindammes).

II. Waſſerbaubezirk Straßburg.

Rhein von der Rheinauer Schiffbrücke bis zur bayeriſchen Grenze nebſt der entſprechenden Dammſtrecke — Parallel-Werke von Kil. 93 bis Kil. 184 — dem Kleinen Rhein bei Straßburg und der Jll unterhalb des Nadelwehres in der Ruprechtsau bis zu ihrer Ausmündung in den Rhein. Franzoſenkanal.

III. Waſſerbaubezirk Mülhauſen.

Rhein-Rhone-Kanal mit ſämmtlichen Seitenkanälen. Kanaliſirte Jll von der Mündung des Rhein-Rhone-Kanals bis zum Rhein-Marne-Kanal mit dem Straßburger Stadtgraben-Kanal, dem Umleitungskanal und dem Zufahrts-Kanal bei Straßburg, der Jllſchleuſe und dem Nadelwehr in der Ruprechtsau, dem Jll-Rhein-Kanal. Breuſch-Kanal. Ferner das Aarwehr.

VI. Waſſerbaubezirk Saarburg.

Rhein-Marne-Kanal nebſt den dazu gehörigen Speiſe-Seen von Gondrexange nach Rixingen und die Abzweigungen zum Saarkohlen-Kanal im See von Gondrexange. Rothe Saar von Alberſchweiler bis zur Vereinigung mit der Weißen Saar. Weiße Saar von 2900 Meter oberhalb Hermelingen bis zur Vereinigung mit der Rothen Saar. Saar von der Vereinigung der beiden Saaren bis zur Grenze des Waſſerbaubezirks Saargemünd.

Anmerkung: das Aarwehr gehört zum Waſſerbaubezirk Mülhauſen.

V. Wasserbaubezirk Saargemünd.

Saarkohlenkanal nebst der Speiseanlage bei Mittersheim, der mit Preußen gemeinschaftlichen Strecke der kanalisirten Saar und dem Mittersheim-Lauterfingener Kanal. Schiffbare Saar von der Grenze der Gemarkung Keskastel bis zur Schleuse Nr. 27.

VI. Wasserbaubezirk Metz.

Mosel von der französischen bis zur preußischen Grenze. Moselkanal von der französischen Grenze bis Metz nebst den Seitenkanälen.

Uebersicht über die Bezirke der Meliorationsbauinspektoren.

I. Meliorationsbaubezirk Colmar-Ill.*)

Nicht schiffbare Ill von Mülhausen bis Colmar; schiffbare Ill von da bis zur Einmündung des Rhein-Rhonekanals oberhalb Straßburg; Illhochwasserkanal bei Erstein; Krummer Rhein.

II. Meliorationsbaubezirk Mülhausen.

Kreise Altkirch, Mülhausen, Thann; Kanton Ensisheim des Kreises Gebweiler; Quatelbach; Baubankanal mit den Ableitungsvorrichtungen in den Rhein-Rhone-Kanal, in den Widensolerkanal und den Zuleitungskanal zur Festung Neubreisach; Zwölfmühlenkanal bis zur Einmündung in die Lauch.

III. Meliorationsbaubezirk Colmar.

Kreise Colmar und Rappoltsweiler, sowie Kantone Gebweiler, Rufach und Sulz des Kreises Gebweiler.

IV. Meliorationsbaubezirk Straßburg.

Kreise Straßburg-Stadt, Erstein, Molsheim und Schlettstadt.

V. Meliorationsbaubezirk Hagenau.

Kreise Straßburg-Land, Hagenau, Weißenburg, sowie Kantone Buchsweiler, Lützelstein, Maursmünster und Zabern des Kreises Zabern.

VI. Meliorationsbaubezirk Saargemünd.

Kreise Forbach, Saargemünd, Saarburg und Château-Salins, sowie Kantone Drulingen und Saarunion des Kreises Zabern.

VII. Meliorationsbaubezirk Metz.

Kreise Metz-Stadt, Metz-Land, Bolchen und Diedenhofen.

*) Der derzeitige Inhaber der Stelle führt den Amtstitel: Wasserbauinspektor.

Bekanntmachung.

(Central- und Bezirksamtsblatt 1892 A. S. 367.)

Bei Festsetzung der Satzungen von Fischereigenossenschaften, welche gemäß den Bestimmungen der §§ 14 ff. des Gesetzes, betreffend die Fischerei, vom 2. Juli 1891 (Gesetzblatt S. 69) und der Verordnung, betreffend die Bildung von Fischereigenossenschaften, vom 31. Juli 1892 (Central- und Bezirksamtsblatt A. S. 343) gebildet werden, ist das nachstehende Muster zu Grunde zu legen.

Straßburg, den 6. Oktober 1892.

Ministerium für Elsaß-Lothringen.
Abtheilung für Finanzen, Landwirthschaft und Domänen.
Der Unterstaatssekretär
III. A. 3753. von Schraut.

Muster zu Genossenschaftssatzungen.

Bezirk: . . . .
Kreis: . . . .
Gemeinde: . . . .

Genossenschaftssatzungen

für die unter dem Namen . . . .
. . . .
mit dem Sitze in . . . .
gebildete Fischereigenossenschaft.

Artikel 1.

Der Zweck der Genossenschaft ist die gemeinschaftliche Bewirthschaftung und Nutzung der Fischerei und eine geregelte Aufsichtsführung und gemeinschaftliche Maßregeln zum Schutze des Fischbestandes in. . .
. . . .

Artikel 2.

Die Einkünfte der Genossenschaft sind zu verwenden:

1. zur Deckung der Verwaltungskosten;
2. zur Bestreitung der durch die Fischereiaufsicht entstehenden Kosten, einschließlich der Belohnungen für Anzeigen von Fischereifreveln und für Vernichtung von der Fischerei schädlichen Thieren;
3. zur Deckung der durch Maßregeln zur Hebung der Fischerei entstehenden Kosten, einschließlich der Kosten etwaiger im Interesse der Fischerei liegenden Unterhaltungsarbeiten an . . . .
4. . . . .

Der verbleibende Rest fließt in die Gemeindekasse der Gemeinde . . . .

(Der verbleibende Rest ist an die Mitglieder nach Maßgabe ihrer Betheiligung an der Genossenschaft nach Uferlängen jährlich zu vertheilen.)

Ueber die Art und Weise der zur Durchführung der Zwecke der Genossenschaft etwa nothwendig werdenden Aufbringung außerordentlicher Mittel beschließt die Generalversammlung im einzelnen Falle mit Genehmigung des Bezirkspräsidenten.

Artikel 3.

Die Genossenschaft wird durch einen Vorstand verwaltet, dessen Mitglieder durch die Generalversammlung aus den Betheiligten gewählt werden.

Artikel 4.

Der Vorstand besteht aus ... Mitgliedern und ... Stellvertretern, welche von der Generalversammlung auf fünf Jahre gewählt werden.

Bei der alle fünf Jahre stattfindenden Neuwahl sind die ausscheidenden Mitglieder wieder wählbar, dieselben bleiben bis zu ihrer Ersetzung jedenfalls im Amt.

Sinkt die Zahl der Mitglieder und Stellvertreter durch Todesfälle oder Ausscheiden auf zusammen weniger als .... herab, so finden Ergänzungswahlen durch die Generalversammlung statt. Die Dauer des Amtes der auf diese Weise gewählten Mitglieder und Stellvertreter erstreckt sich nur bis zur Beendigung der laufenden Amtsperiode.

Artikel 5.

Die Berufung der Generalversammlung der Betheiligten erfolgt durch den Vorsitzenden des Vorstandes nach Beschluß des Genossenschaftsvorstands.

Der Kreisdirektor* kann derartige Versammlungen von Amtswegen anordnen. Zur Vornahme der ersten Wahl des Vorstandes wird eine Generalversammlung durch Verfügung des Kreisdirektors* unter gleichzeitiger Bestimmung des Ortes der Versammlung und Ernennung des Vorsitzenden der letzteren einberufen. Die Bekanntmachung der Generalversammlung erfolgt in ortsüblicher Weise.

Artikel 6.

Die Generalversammlung muß jedes Jahr wenigstens einmal und zwar im Monat .... berufen werden. Sie faßt Beschlüsse über alle gemeinsamen Angelegenheiten der Genossenschaft, soweit dieselben nicht anderen Organen derselben vorbehalten sind. Sie setzt insbesondere den durch den Vorstand vorbereiteten Haushaltsvoranschlag endgültig fest.

Artikel 7.

Zur Theilnahme an der Generalversammlung sind alle Eigenthümer oder die gesetzlichen Vertreter derselben berechtigt, welche an dem Unternehmen betheiligt sind. Jedes Mitglied hat wenigstens eine Stimme.

Eigenthümer von mehr als ..... m Uferlänge haben zwei, solche mit ..... bis ....., m drei, solche mit ..... bis ..... m vier und solche mit mehr als ..... m fünf Stimmen.

* Bezirkspräsident (bei autorisirten Genossenschaften).

Eigenthümer, welche verhindert sind, persönlich zu erscheinen, sowie Frauen, soweit sie nicht durch ihre Ehemänner zu vertreten sind, können sich durch Bevollmächtigte vertreten lassen. Privatschriftliche Vollmachten müssen durch den Bürgermeister des Wohnorts des Vollmachtgebers beglaubigt sein. Ein und dieselbe Person kann nicht mehr als vier Vollmachten übernehmen.

Artikel 8.

Die Wahl der Mitglieder des Vorstands und deren Stellvertreter erfolgt mittels Wahllisten nach relativer Stimmenmehrheit. Bei Stimmengleichheit entscheidet das Lebensalter.

Artikel 9.

Die Vorstandsmitglieder wählen den Vorsitzenden und dessen Stellvertreter aus ihrer Mitte durch Stimmenmehrheit. Der Vorsitzende und dessen Stellvertreter bleiben in diesem Amt während ihrer Amtsperiode als Mitglieder des Vorstandes. Der Vorsitzende beruft die Sitzungen des Vorstandes, so oft die Interessen der Genossenschaft es erfordern oder der Bezirkspräsident eine Berufung anordnet oder sobald wenigstens zwei Mitglieder des Vorstandes eine Sitzung beantragen; er führt den Vorsitz in den Sitzungen und in den Generalversammlungen. Er hat über die Interessen der Genossenschaft zu wachen und die Pläne, Akten und andere auf die Verwaltung der Genossenschaft bezüglichen Papiere aufzubewahren.

Die Vorstandsmitglieder sind jederzeit berechtigt, das Aktenverzeichniß und die Akten selbst einzusehen.

Der Vorsitzende hat die Beschlüsse des Vorstandes auszuführen; derselbe ist insbesondere dazu berufen, die Genossenschaft bei den Gerichten zu vertreten.

Artikel 10.

Die Beschlüsse des Vorstandes werden nach Stimmenmehrheit der anwesenden Mitglieder gefaßt; bei Stimmengleichheit entscheidet die Stimme des Vorsitzenden. Die Vorstandsmitglieder können sich bei den Versammlungen nicht durch Bevollmächtigte vertreten lassen. Der Vorstand ist nach ordnungsmäßiger Einladung seitens des Vorsitzenden oder, bei dessen Behinderung, seines Stellvertreters beschlußfähig, wenn wenigstens 3 Mitglieder mit Einschluß des Vorsitzenden anwesend sind.

Die Einladungen sind durch den Vorsitzenden in das Berathungsbuch einzutragen.

Der Kreisdirektor und der Meliorationsbauinspektor sind berechtigt, den Sitzungen des Vorstandes beizuwohnen und sich an den Verhandlungen zu betheiligen.

Artikel 11.

In ein von dem Vorsitzenden geführtes Berathungsbuch sind alle Beschlüsse des Vorstandes in zeitlicher Reihenfolge einzutragen.

Daßelbe wird am Ende jeder Sitzung von den anwesenden Mitgliedern unterzeichnet.

Verweigert ein Mitglied die Unterschrift, so ist dies ausdrücklich zu erwähnen.

Jedes Genossenschaftsmitglied ist berechtigt, Einsicht von den Beschlüssen des Vorstandes zu nehmen.

Artikel 12.

Jedes Vorstandsmitglied, welches drei aufeinanderfolgenden Sitzungen ohne genügende Gründe nicht beigewohnt hat, kann durch den Bezirkspräsidenten seines Amtes enthoben werden.

Artikel 13.

Wenn ein Vorstandsmitglied austritt, seines Amtes enthoben wird oder stirbt, so wird dasselbe vorläufig durch einen Stellvertreter und demnächst endgültig durch eine Neuwahl der Generalversammlung ersetzt.

Das neueintretende Vorstandsmitglied übt das ihm übertragene Amt nur so lange aus, als das ausgeschiedene Mitglied noch dazu berechtigt war.

Artikel 14.

Der Genossenschaftsvorstand hat für die Durchführung der Zwecke der Genossenschaft Sorge zu tragen.

Derselbe hat insbesondere

1. im Einzelnen die Nutzung der Fischerei durch Anstellung von Fischern, Ausstellung von Erlaubnißscheinen oder Verpachtung zu regeln;
2. die Anstellung von Fischereiaufsehern zu beschließen;
3. die Aussetzung von Fischbrut zu veranlassen;
4. den jährlichen Haushaltsvoranschlag vorzubereiten;
5. über den Abschluß von Rechtsgeschäften, sowie über die gerichtliche Verfolgung von Rechtsansprüchen und über die Einlassung auf die gegen die Genossenschaft gerichteten Klagen Beschluß zu fassen;
6. die Geschäftsführung des Genossenschaftsrechners zu beaufsichtigen und zu prüfen;
7. Gutachten über alle Gegenstände abzugeben, welche die Interessen der Genossenschaft berühren;
8. die Kennzeichen zu bestimmen und öffentlich bekannt zu geben, die an den Fahrzeugen, Kähnen, Nachen und Fischkästen anzubringen sind, mittels deren in dem genossenschaftlichen Fischereigebiet die Fischerei betrieben wird.

Artikel 15.

Die Verwaltung der Einnahmen und Ausgaben erfolgt durch einen Genossenschaftsrechner, welcher vom Vorstande ernannt wird.

Der Genossenschaftsrechner hat eine angemessene Kaution zu stellen. Die Höhe dieser Kaution wird von dem Bezirkspräsidenten auf Vorschlag des Vorstandes festgesetzt.

Mit Genehmigung des Bezirkspräsidenten kann der Genossenschaftsvorstand auf die Stellung einer Kaution durch den Genossenschaftsrechner verzichten.

Der Genossenschaftsrechner erhält eine Vergütung, welche nach den für die Gemeinderechner üblichen Sätzen festgestellt wird.

Das Amt des Genossenschaftsrechners kann dem Gemeinderechner übertragen werden.

Artikel 16.

Die Einnahmen und Ausgaben erfolgen durch den Genossenschaftsrechner auf Grund von Anweisungen des Vorsitzenden des Vorstandes.

Der Genossenschaftsrechner hat jährlich vor dem 1. Mai über die Einnahmen und Ausgaben des vorhergegangenen Rechnungsjahres dem Vorstande Rechnung zu legen. Zu Unrecht von ihm geleistete Zahlungen werden nicht berücksichtigt.

Artikel 17.

Der Vorsitzende des Vorstandes kann die Kasse des Rechners prüfen, wenn er es für nöthig hält. Der Rechner ist verpflichtet, ihm und den Vorstandsmitgliedern in alle zum Rechnungswesen der Genossenschaft gehörigen Schriftstücke Einsicht zu gestatten.

Artikel 18.

Aenderungen der Genossenschaftssatzungen bedürfen der Zustimmung des Bezirkspräsidenten.

Artikel 19.

Die Auflösung der Genossenschaft kann von dem Bezirkspräsidenten ausgesprochen werden, wenn zwei Drittel sämmtlicher Stimmen in einer besonders zur Berathung der Frage der Auflösung zusammenberufenen Generalversammlung sich ausdrücklich für die Auflösung ausgesprochen haben.

Bekanntmachung.

(Central- und Bezirksamtsblatt 1892 A. S. 373.)

Bei Neuverpachtungen von Fischereien in Wasserläufen, in denen die Fischerei dem Staate bezw. einer Gemeinde zusteht, sind künftighin die nachstehend unter A. bezw. unter B. mitgetheilten Muster für Verpachtungsverhandlungen in Anwendung zu bringen.

Straßburg, den 9. Oktober 1892.

Ministerium für Elsaß-Lothringen.

Abtheilung für Finanzen, Landwirthschaft und Domänen.	Abtheilung des Innern.
Der Unterstaatssekretär.	Der Unterstaatssekretär.
III. A. 3833. von Schraut.	Im Auftrage: Hurff.

A.

Muster zur Verhandlung wegen Verpachtung einer dem Staate zustehenden Fischerei.

Wasserbaubezirk . . . . Nr. . . . des Repertoriums.
Steuerkasse . . . .

Bedingungen

für die Verpachtung der Fischerei

in . . . .

Die Ausübung der Fischerei innerhalb eines jeden der in dem beiliegenden Verzeichniß aufgeführten Pachtloose wird unter Vorbehalt der Genehmigung des Ministeriums für Elsaß-Lothringen unter nachstehenden Bedingungen öffentlich auf das Meistgebot verpachtet.

Allgemeine Bedingungen.

§ 1.

Jedes Loos wird einzeln, unter Zugrundelegung des in dem Loose-Verzeichniß angegebenen, abgeschätzten Werthes zur Versteigerung an den Meistbietenden gestellt. Beträgt der Werth weniger als 100 Mark, so ist 1 Mark das geringste zulässige Aufgebot; bei einem Werth von 100 Mark bis 200 Mark sind 2 Mark und bei einem Werth von 200 Mark und darüber 5 Mark das niedrigste zulässige Mehrgebot.

§ 2.

Als zahlungsunfähig bekannte Personen können zum Gebote nicht zugelassen werden.

Wer für einen Anderen bieten will oder geboten hat, muß dies vor dem Abschlusse der Verpachtungsverhandlung erklären, demnächst unterschriftlich anerkennen und ferner sich durch gehörige Vollmacht oder durch sofortige Gestellung seines Vollmachtgebers ausweisen.

Die Ansteigerer sind verpflichtet, an dem Ort, wo die Versteigerung abgehalten wurde, Wohnsitz zu erwählen, widrigenfalls ihnen alle späteren Akte gültig auf der Kanzlei der Kreisdirektion zugestellt werden.

§ 3.

Der Zuschlag wird für jedes einzelne Loos dem Meistbietenden, welcher sofort im Termine einen zahlungsfähigen, sammtverbindlich haftenden Bürgen zu stellen hat, unter Vorbehalt der Genehmigung des Ministeriums ertheilt.

Der Ansteigerer ist sechs Wochen an sein Gebot gebunden. Erfolgt binnen dieser Frist die Genehmigung nicht, so gilt dieselbe als versagt.

Mit Genehmigung des Zuschlags wird die gegenwärtige Verpachtungsurkunde ein für alle Theile rechtsverbindlicher Vertrag.

Von der Zuschlagsgenehmigung werden die Ansteigerer auf ihre Kosten durch den Wasserbauinspektor schriftlich benachrichtigt werden.

§ 4.

Die Verpachtung erfolgt für die Zeit vom . . . ten . . . . 18 . . bis . . . ten . . . . 18 . . einschließlich.

§ 5.

Der Pachtpreis ist in vierteljährlichen Theilbeträgen im voraus und zwar am 1. April, 1. Juli, 1. Oktober und 1. Januar an diejenige Steuerkasse zu zahlen, welche den Pächtern bei der Benachrichtigung über die Zuschlagsgenehmigung bezeichnet werden wird.

§ 6.

Außer dem Pachtpreis und den Kosten des Stempels der den einzelnen Pächtern auf Verlangen zu ertheilenden Ausfertigung der Verpachtungsurkunde fallen denselben keinerlei Kosten zur Last.

§ 7.

Bleibt der Pächter mit Zahlung eines fälligen Theilbetrages der Pacht länger als vier Wochen im Rückstande, so hat die Verwaltung das Recht, gegen denselben oder dessen Bürgen sofort und ohne daß es einer weiteren Mahnung bedarf, das gesetzliche Vollstreckungsverfahren einzuleiten; außerdem ist dieselbe befugt, in diesem Falle den Vertrag mit vierzehntägiger Frist zu kündigen und die Kosten der Neuverpachtung, sowie den etwaigen Mindererlös für die Dauer des aufgehobenen Pachtvertrages von dem früheren Pächter oder dessen Bürgen sofort im Gesammtbetrage einzuziehen.

§ 8.

Für die Länge oder den Flächeninhalt der einzelnen Loose wird keine Gewähr geleistet. Etwaiger Mindergehalt giebt dem Pächter keinen Anspruch auf Auflösung des Vertrages oder auf Pachtnachlaß. Als Grenzen der Loose sind lediglich die in dem Loose-Verzeichniß zu der Verpachtungsverhandlung benannten maßgebend.

§ 9.

Dem Pächter steht in Folge etwaiger Aenderung der Fischereipolizei-Bestimmungen, insbesondere hinsichtlich der Schonzeiten, der Lai- und Hegeplätze, des Mindestmaßes der zu fangenden Fische, der Art und Größe der zulässigen Fischereigeräthschaften u. s. w., des Verbotes des Krebsfanges oder des Fanges einzelner Fischarten für kürzere oder längere Dauer ein rechtlicher Anspruch auf Aufhebung des Pachtvertrages oder Gewährung von Schadensersatz bezw. Pachtnachlaß nicht zu. Insbesondere wird die Aenderung der Lage und der Ausdehnung der Laich- und Hegeplätze ausdrücklich vorbehalten.

§ 10.

Schaden, welcher dem Pächter durch Eisgang, Wassermangel, Hochwasser, zeitweise Sperrung oder Trockenlegung des ganzen Looses oder eines Theiles desselben behufs Neubauten, Instandsetzungen, Hebung gesunkener Fahrzeuge oder verlorenen Gutes, oder durch sonstige von der

Verwaltung, sei es im Interesse der Schifffahrt oder aus anderen Gründen vorgenommenen Handlungen, sowie durch jede Art vorhergesehener oder nicht vorhergesehener Zufälle erwächst, berechtigt den Pächter nicht, von der Verwaltung Schadensersatz, Auflösung des Vertrages oder Pachtnachlaß zu fordern.

§ 11.

Ebenso hat der Pächter keinen Anspruch auf Pachtauflösung, Pachtnachlaß oder Schadensersatz, wenn ihm durch den Betrieb der Schifffahrt und Flößerei Nachtheil oder Schaden erwächst.

§ 12.

Dagegen hat der Pächter für jeden Schaden aufzukommen, welchen er selbst oder seine Gehülfen in Ausübung der Fischerei anrichten.

§ 13.

Der Fischfang darf von dem Pächter nur unter strenger Beachtung der allgemeinen gesetzlichen Bestimmungen und der örtlichen Vorschriften über Fischerei und Hebung der Fischzucht ausgeübt werden.

Insbesondere hat der Pächter die Bestimmungen über die Schonzeit, die Hegung der Fischbrut, die Zulässigkeit und die Unzulässigkeit einzelner Fischereigeräthe und über die Maschenweite der Netze genau zu beachten, sowie auch seine Gehülfen zu deren Beachtung anzuhalten.

§ 14.

Der Pächter hat den mit der Beaufsichtigung der Fischerei betrauten Beamten jederzeit eine Untersuchung der beim Fischfang in Gebrauch befindlichen oder in Fischereifahrzeugen vorhandenen Fanggeräthe, sowie der gefangenen Fische am Orte des Fanges und in den Fischbehältern zu gestatten. Zu diesem Zweck hat er auf die durch Anruf erfolgte Aufforderung dieser Beamten sein Fahrzeug herbeizuführen und die ihm gehörigen Behältnisse, Schuppen, Fischkästen und sonstigen zur Aufbewahrung der Fische dienenden Vorrichtungen zu öffnen.

§ 15.

Der Pächter darf sich zur Ausübung der Fischerei nur solcher Nachen und Geräthe bedienen, die von den Aufsichtsbeamten der Wasserbauverwaltung geprüft und zugelassen worden sind.

Fischerfahrzeuge, Kähne, Nachen und Fischkästen müssen mit einem, der Verordnung des Herrn Bezirkspräsidenten in . . . . vom . . . . entsprechenden Kennzeichen versehen sein, durch welches die Person des Pächters ermittelt werden kann.

§ 16.

Der Pächter darf zur Nachtzeit (eine Stunde nach Sonnenuntergang bis eine Stunde vor Sonnenaufgang) keinen Fischzug veranstalten. Ausnahmen kann der Wasserbauinspektor gemäß Artikel 8 der Verordnung, betreffend die Fischerei, vom 28. April 1892 gestatten.

§ 17.

Das Fischen im Innern der Schleusen, Schützenanlagen, Durchlässe, Mühlgerinne und Fischleitern, sowie an den Wehren oder in geringerer Entfernung als 30 Meter oberhalb oder unterhalb dieser Werke ist verboten.

§ 18.

Durch den Betrieb der Fischerei darf der Schifffahrts- und Floßverkehr und der Leinzug in keiner Weise behindert werden.

§ 19.

Ohne Genehmigung des Wasserbauinspektors darf der Pächter keine Unterverpachtungen oder anderweitige Uebertragungen seines Rechtes vornehmen.

Jede Unterverpachtung und jede Fischerei-Erlaubniß muß eine Strecke von mindestens 2 Kilometern bezw. bei See'n eine Fläche von mindestens 2 Hektaren umfassen.

Für die im 2. Absatz bezeichneten Strecken oder Flächen darf nur je ein Unterpächter bestellt werden. Mit der Bestellung eines solchen begibt sich der Pächter seines Fischereirechtes für die betreffende Strecke oder Fläche. Eine Beschränkung des Unterpächters hinsichtlich der zum Fischfang zu benutzenden Geräthe ist nicht statthaft.

Der Pächter darf die Erlaubniß zum Fischen mit der schweren Angel für jede der im 2. Absatze bezeichneten Strecken oder Flächen je nur an höchstens zwei Personen ertheilen. Für die in Unterpacht gegebenen Fischwasser steht dieses Recht nur dem Unterpächter zu. Erlaubniß zum Fischen mit Netzen darf neben dem Unterpächter Niemanden ertheilt werden.

Bei Ausübung des Fischzuges darf der Pächter ohne Genehmigung des Wasserbauinspektors niemals mehr als zwei Gehülfen für jeden verwendeten Nachen zuziehen.

In einem Loose und für einen Fischzug darf nicht mehr als ein Nachen für je 2 km (2 ha) der Streckenlänge (Flächengröße) benutzt werden.

Jeder Pächter oder Unterpächter darf für die ganze ihm zur Befischung verbleibende bezw. zugetheilte Strecke des Pachtlooses nur einen Stellvertreter bestellen. Das gleichzeitige Fischen des Stellvertreters neben dem Pächter bezw. Unterpächter ist unstatthaft.

Die Zulassung von Ausländern als Unterpächter, Stellvertreter, oder Erlaubnißinhaber bedarf der besonderen Genehmigung des Ministeriums.

§ 20.

Wird dem Pächter die Erlaubniß zur Vergebung seines Rechtes gemäß § 19 ertheilt, so bleibt er der Verwaltung gegenüber dennoch für die Dauer seines Pachtvertrages allein verpflichtet und für die Handlungen seiner Unterpächter und deren Gehülfen und der Erlaubnißinhaber ebenso wie für die Handlungen seiner eigenen Gehülfen verantwortlich.

§ 21.

Der Pächter und die Unterpächter haben ihre Gehülfen dem Wasserbauinspektor namhaft zu machen, ehe dieselben beim Fischfang thätig sein dürfen.

§ 22.

Bei Ausübung der Fischerei haben sowohl der Pächter, als der Unterpächter oder deren als solche zugelassenen Stellvertreter und der Erlaubnißinhaber eine auf ihren Namen lautende und für das betreffende Kalenderjahr gültige Fischerkarte für schiff- oder flößbare Wasserläufe (zu vergl. die §§ 20—25 des Ges. vom 2. Juli 1891, betr. die Fischerei) bei sich zu führen. Außerdem müssen der Unterpächter, der Stellvertreter, der Erlaubnißinhaber und die Gehülfen den Fischereiaufsichtsbeamten und deren Vorgesetzten auf Verlangen die von dem Pächter ausgestellte und von dem Wasserbauinspektor mit Genehmigungsvermerk versehene Ausweiskarte über ihre Fischereiberechtigung vorzeigen.

Fischereipächter, welchen die Ausstellung einer Fischerkarte verweigert, oder die ausgestellte Fischerkarte entzogen wird, haben aus diesem Grunde keinen Anspruch auf Aufhebung der Pacht oder Erlaß am Pachtzins.

§ 23.

Wird der Fischereipächter rechtskräftig wegen Uebertretung der Fischerei-Gesetze oder -Verordnungen verurtheilt, so giebt dies der Verwaltung das Recht der sofortigen Vertragsauflösung durch Zustellung einer bloßen schriftlichen Erklärung des Wasserbauinspektors, ohne daß es einer weiteren Inanspruchnahme des Gerichts bedarf.

Jede Uebertretung der Pachtbedingungen hinsichtlich der Uebertragung der Fischereiberechtigung wird mit einer Vertragsstrafe von . . . Mark belegt. Im Wiederholungsfalle kann der Vertrag von der Verwaltung mit 14tägiger Kündigungsfrist aufgelöst werden.

Wird einer der Unterpächter, Erlaubnißinhaber oder Gehülfen wegen Uebertretung der Fischereigesetze oder Verordnungen rechtskräftig verurtheilt, oder wird von einem derselben gegen die Vertragsbedingungen verstoßen, so ist der Wasserbauinspektor berechtigt, die sofortige Zurückziehung des Berechtigungs-Ausweises von dem Hauptpächter zu fordern.

Verweigert der Pächter diese Zurückziehung oder erfolgt dieselbe thatsächlich nicht binnen drei Tagen, so ist die Verwaltung berechtigt, den Pachtvertrag innerhalb vierzehn Tagen in der vorbezeichneten Weise aufzulösen.

In dem Falle der seitens des Pächters verschuldeten Auflösung des Vertrages kommen die Bestimmungen in dem obigen § 7 hinsichtlich der Einziehung der Kosten der Neuverpachtung und des Mindererlöses für die Dauer des aufgehobenen Pachtvertrages in Anwendung.

§ 24.

Falls in den besonderen Bedingungen die Aussetzung von Fischbrut verlangt wird, ist der Pächter gehalten, dieser Verpflichtung pünktlich in der vorgeschriebenen Zeit nachzukommen, widrigenfalls sowohl die

Beschaffung der Fischbrut als die Aussetzung derselben auf seine Kosten durch die Wasserbauverwaltung vorgenommen wird und die Kosten von ihm zwangsweise eingezogen werden.

§ 25.

Sollten während der Pachtdauer Pachtloose oder Theile derselben einem genossenschaftlichen Fischereigebiete angeschlossen werden, so tritt in diesem Falle der Pachtvertrag hinsichtlich der betreffenden Strecken oder Flächen gemäß § 18 des Gesetzes vom 2. Juli 1891, betreffend die Fischerei, mit dem Tage der Errichtung der Genossenschaft außer Kraft. Für den Wegfall dieser Strecken oder Flächen kann der Pächter eine Entschädigung nicht beanspruchen; dagegen wird in einem solchen Falle der Pachtzins um einen nach Verhältniß der Größe der ausgefallenen Strecken oder Flächen zur Größe des Pachtlooses zu bemessenden Betrag ermäßigt werden.

§ 26.

Der Bürge ist solidarisch mit dem Pächter für alle Ansprüche aus dem Pachtvertrage haftbar.

§ 27.

Wenn diesen Bedingungen eine französische Uebersetzung beigegeben ist, so ist bei Abweichungen im Wortlaut immer der deutsche Wortlaut maßgebend.

Besondere Bedingungen.

*)

---

*) Nach den örtlichen Verhältnissen festzustellen, wobei besonders darauf zu achten ist, daß die von der Ausübung der Fischerei auszuschließenden Flächen innerhalb der einzelnen Loose möglichst genau bezeichnet werden.

B.

Muster zur Verhandlung wegen Verpachtung einer Fischerei, die einer Gemeinde zusteht.

Bezirk: . . . . Nr. . . . des Repertoriums.
Kreis: . . . .
Gemeinde: . . . .

Fischereiverpachtungsverhandlung.

Geschehen zu . . . . den . . . . 18 . .
Gegenwärtig:
Der Bürgermeister der Gemeinde: . . . .
Die zwei Mitglieder des Gemeinderaths: . . . .
Der Gemeinderechner: . . . .

Nach vorausgegangener öffentlicher Bekanntmachung in ortsüblicher Weise (und in der . . . . Zeitung) ist die Verpachtung der Fischerei in . . . . im Wege der öffentlichen Versteigerung unter folgenden Bedingungen heute abgehalten worden:

I. Allgemeine Pachtbedingungen:

1. Die Verpachtung der Fischerei . . . . erfolgt für die Zeit von . . . . bis . . . . Die Verpachtung unterliegt der Genehmigung des Kreisdirektors.

2. Es wird weder für den Ertrag der Fischerei noch für die angegebene Länge de . Wasserlaufe . Gewähr geleistet.

Die durch besondere Kennzeichen an Ort und Stelle festzulegenden Grenzen der Fischereiloose sind die folgenden: . . . . Die Kosten der Errichtung der Grenzzeichen trägt der Fischereipächter.

3. Die Versteigerung findet (looswеise) statt im Wege des Meistgebotes.

Der Zuschlag erfolgt, nachdem drei hintereinander angezündete Kerzen erloschen sind. Werden während des Abbrennens dieser drei Kerzen neue Gebote abgegeben, so wird der Zuschlag erst ausgesprochen, nachdem eine neue Kerze angezündet und während des Abbrennens derselben kein neues Gebot erfolgt ist.

4. Jedes Aufgebot muß wenigstens 1 Mark bei einem Anschlagspreis von weniger als 100 Mark, 2 Mark bei einem Anschlagspreis von 100 bis 200 Mark, und 5 Mark bei einem höheren Anschlagspreis betragen.

5. Gebote notorisch zahlungsunfähiger Personen werden nicht berücksichtigt.

6. Die Versteigerungsverhandlung wird auf Stempelpapier geschrieben und im Termin sofort von dem Bürgermeister, den beisitzenden beiden Mitgliedern des Gemeinderaths und dem Gemeinderechner, sowie von dem Fischereipächter oder dessen Bevollmächtigten und dem Bürgen unterschrieben. Dem Fischereipächter fallen die Stempel- und Registrirungsgebühren, sowie die übrigen Kosten der Verpachtung zur Last.

7. Jeder Fischereipächter hat sofort im Termin einen sich gesammtverbindlich verpflichtenden zahlungsfähigen Bürgen oder Mitpächter zu stellen.

8. Der Pachtzins ist in vierteljährlichen Theilbeträgen im voraus und zwar am . . . .
an den Gemeinderechner zu zahlen.

9. Fischereipächter, welchen die Ausstellung einer Fischerkarte verweigert oder die ausgestellte Fischerkarte entzogen wird, haben aus diesem Grunde keinen Anspruch auf Aufhebung der Pacht oder Erlaß am Pachtzins.

10. Mit Genehmigung des Kreisdirektors ist der Gemeinderath befugt, den Pachtvertrag ohne gerichtliche Dazwischenkunft aufzuheben, wenn der Pächter vier Wochen nach der Verfallzeit mit dem Pachtzins noch im Rückstande ist, wenn er in anderer Beziehung gegen die Bedingungen des Pachtvertrages handelt, wenn ihm die Ertheilung einer Fischerkarte verweigert wird, wenn ihm die ertheilte Fischerkarte entzogen wird, oder wenn er die Fähigkeit zum Erwerb einer Fischerkarte verliert.
Für den Mindererlös bei der demnächstigen Neuverpachtung des Looses und zwar für die ganze Dauer des Pachtvertrages kann die Gemeinde den bisherigen Pächter haftbar machen.

11. Der Fischereipächter kann die Rechte aus dem Pachtvertrage nur nach Zustimmung des Gemeinderaths und Genehmigung des Kreisdirektors ganz oder zum Theil an Andere abtreten, einen Stellvertreter aufstellen und ferner nur unter den gleichen Bedingungen nachträglich Mitpächter annehmen, falls er nicht schon vor der Entgegennahme der Zuschlagserklärung seine Mitpächter angegeben hat und diese ihre Zustimmung durch unterschriftliche Anerkennung der Verhandlung beurkundet haben.
In jedem Falle bleiben Pächter, Mitpächter und Bürge für die Erfüllung der aus dem Pachtvertrage hervorgehenden Pflichten bis zum Erlöschen des Vertrages gesammtverbindlich mit dem Unterpächter haftbar.
Mit Zustimmung des Gemeinderaths und Genehmigung des Kreisdirektors können angenommene Mitpächter oder Unterpächter und deren Stellvertreter durch andere ersetzt werden.

12. Pächter, Mitpächter, Unterpächter oder deren Stellvertreter dürfen die Fischerei nicht auf derselben Strecke gemeinschaftlich ausüben.
Jede von dem Pächter, Mitpächter oder Unterpächter zu befischende Strecke muß eine Länge von mindestens 3 km bezw. eine Fläche von mindestens 3 Hektaren umfassen. Eine Beschränkung der Mit- oder

Unterpächter hinsichtlich der zum Fischfange zu benutzenden Geräthe ist nicht statthaft.

Der Pächter darf die Erlaubniß zum Fischen mit Angeln für jede der im 2. Absatze bezeichneten Strecken je nur an höchstens 2 Personen ertheilen. Für die an einen Mitpächter oder Unterpächter überwiesenen Fischwasser steht dieses Recht nur dem Mit- bezw. Unterpächter zu. Erlaubniß zum Fischen mit Netzen darf neben dem Mitpächter, Unterpächter oder Stellvertreter Niemanden ertheilt werden.

Bei Ausübung des Fischzuges darf der Pächter, Mitpächter oder Unterpächter niemals mehr als einen Gehülfen für jeden verwendeten Nachen zuziehen. In einem Loose und für einen Fischzug darf nie mehr als ein Nachen für je 3 km der Streckenlänge benutzt werden.

Dem Bürgermeister ist gestattet, die Ausdehnung der von dem Pächter, oder dem Mit- oder Unterpächter zu befischenden Strecken in einzelnen Fällen auf 2 km zu ermäßigen und statt des einen Gehülfen deren zwei zuzulassen.

13. Der Pächter kann mit Genehmigung des Bürgermeisters .... Fischereiaufseher bestellen. Die Genehmigung kann zurückgezogen werden, wenn Umstände eintreten, welche die Zuverlässigkeit der als Fischereiaufseher bestellten Person .. in Frage stellen.

Vor Ausübung des Amtes ist der Fischereiaufseher durch das Amtsgericht in .... eidlich zu verpflichten.

14. Die Ausübung der Fischerei hat in Gemäßheit der einschlägigen gesetzlichen Bestimmungen und der erlassenen oder noch zu erlassenden Verordnungen der zuständigen Behörden stattzufinden.

15. Bei Ausübung der Fischerei dürfen als Fanggeräthe nur in Anwendung kommen:

1. ....

2. ....

3. .... (u. s. w.).

16. Bei Ausübung der Fischerei haben sowohl der Pächter, als der Mit- und Unterpächter und der Erlaubnißinhaber eine auf ihren Namen lautende und für das betreffende Kalenderjahr gültige, von dem zuständigen Bürgermeister ausgestellte Fischerkarte für das Fischen in nicht schiff- oder flößbaren Gewässern bei sich zu führen.

Gehülfen bedürfen einer Fischerkarte nur, wenn sie mit der Leitung des Fischfanges beauftragt sind.

17. Sollten während der Pachtdauer Pachtloose oder Theile derselben einem genossenschaftlichen Fischereigebiete angeschlossen werden, so tritt in diesem Falle das Pachtverhältniß hinsichtlich der betreffenden Strecken gemäß § 18 des Gesetzes vom 2. Juli 1891 mit dem Tage der Errichtung der Genossenschaft außer Kraft. Für den Wegfall dieser Strecken kann der Pächter eine Entschädigung nicht beanspruchen; dagegen wird der Pachtzins um einen nach Verhältniß der Größe der ausgefallenen Strecken zur Größe des Pachtlooses zu bemessenden Betrag ermäßigt werden.

18. Wenn während der Dauer der Pacht das Pachtloos oder Theile desselben zu Laich- oder Hegeplätzen für die Fortpflanzung der Fische erklärt werden, so finden hinsichtlich der Entschädigung des Pächters u. s. w., falls nicht vorher eine besondere bezügliche Vereinbarung unter Genehmigung des Kreisdirektors zu Stande kommt, die Bestimmungen in den §§ 39 und 5 des Gesetzes vom 2. Juli 1891 Anwendung.

Dem Pächter u. s. w. steht in Folge etwaiger Aenderung der Fischereipolizei-Bestimmungen, insbesondere hinsichtlich der Schonzeiten, des Mindestmaßes der zu fangenden Fische, der Art und Größe der zulässigen Fischereigeräthschaften, des Verbotes des Krebsfanges oder des Fanges einzelner Fischarten für kürzere oder längere Dauer ein rechtlicher Anspruch auf Aufhebung des Pachtvertrages oder Gewährung von Schadensersatz bezw. Pachtnachlaß nicht zu.

Schaden, welcher dem Pächter durch Eisgang, Wassermangel, Hochwasser oder sonstige nicht vorherzusehende Zufälle erwächst, berechtigt den Pächter nicht, von der Verpächterin Schadensersatz, Auflösung des Vertrages oder Pachtnachlaß zu fordern.

19. Wird der Fischereipächter rechtskräftig wegen Uebertretung der Fischereigesetze oder Verordnungen verurtheilt, so giebt dies dem Bürgermeister das Recht der sofortigen Vertragsauflösung durch Zustellung einer schriftlichen Erklärung vorbehaltlich der Genehmigung des Kreisdirektors, ohne daß es einer weiteren Inanspruchnahme des Gerichtes bedarf.

Jede Uebertretung der Pachtbedingungen hinsichtlich der Uebertragung der Fischereiberechtigung wird mit einer Vertragsstrafe von . . . Mark belegt. Im Wiederholungsfalle kann der Vertrag von dem Bürgermeister mit Genehmigung des Kreisdirektors mit 14tägiger Kündigungsfrist aufgelöst werden.

Wird einer der Mitpächter, Unterpächter, Stellvertreter, Erlaubnißinhaber oder Gehülfen wegen Uebertretung der Fischereigesetze oder Verordnungen rechtskräftig verurtheilt, oder wird von einem derselben gegen die Vertragsbedingungen verstoßen, so ist der Bürgermeister vorbehaltlich der vorgedachten Genehmigung berechtigt, den sofortigen Austritt des Mitpächters, Unterpächters oder Stellvertreters aus dem Pachtverhältniß bezw. die Zurückziehung der Berechtigung des Erlaubnißinhabers oder die Entfernung der Gehülfen von dem Hauptpächter zu fordern.

Verweigert der Pächter die Ausführung dieser Maßnahmen, oder erfolgt dieselbe thatsächlich nicht binnen drei Tagen, so ist die Verpächterin berechtigt, den Pachtvertrag innerhalb vierzehn Tagen in der vorbezeichneten Weise aufzulösen.

In dem Falle der seitens des Pächters verschuldeten Auflösung des Vertrages können die unter Ziffer 10 oben hinsichtlich der Haftbarmachung für den Mindererlös für die Dauer des aufgehobenen Pachtvertrages aufgeführten Bestimmungen in Anwendung gebracht werden.

20. Der Pächter verpflichtet sich zum Aussetzen von Fischbrut in der Weise, daß er alljährlich . . . . Stück . . . . aussetzt.

II. Besondere Pachtbedingungen.

. . . .
. . . .
. . . .

III. Beschreibung des zu verpachtenden Fischereiloofes.

(Bei mehreren Loosen sind dieselben hintereinander aufzuführen und gesondert zu beschreiben.)

. . . .
. . . .
. . . .

Nachdem die vorstehenden Bedingungen, sowie die Beschreibung des Looses den anwesenden Pachtliebhabern verlesen worden, wurde mit der Steigerung begonnen.

Das höchste Gebot erfolgte für das erste Loos mit . . . . . Mark von Seiten des Herrn . . . . in . . . ., welchem hierauf der Zuschlag ertheilt wurde. Herr . . . . bezeichnete als Bürgen (Mitpächter) nach Ziffer 7 der Bedingungen den Herrn . . . . , in . . . .

Das höchste Gebot erfolgte für das zweite Loos u. s. w. (wie vor).

Vorgelesen, genehmigt, unterschrieben.

Die Pächter: . . . .
Die Bürgen: . . . .
Der Bürgermeister: . . . .
Der Gemeinderechner: . . . .
Die Mitglieder des Gemeinderaths: . . . .
. . . .
. . . .

Genehmigt . . . . den . . . . 18 . .

Der Kreisdirektor.

. . . .

Sachregister.

(Die Ziffern geben die Seitenzahlen an.)

Aal, Mindestmaß dess. 84.
Aalfang, Gestattung dess. z. Nachtzeit 78.
— Beschaffenheit der Geräthe 83.
Aalleiter, Anbringung ders. an Wehren u. s. w. 47.
Aalraupe s. Rufolk.
Abfälle s. Schädliche Stoffe.
Ablassen von Wasserläufen, Verbot dess. zum Zweck des Fischfanges 79.
Adjacentenfischerei s. Fischereiberechtigung der Ufereigenthümer.
Äschen, Mindestmaß ders. 84.
— Schonzeit ders. 75.
Altwasser, Fischereiberechtigung in dems. 14.
Amtsgericht, Vereidigung d. Fischereiaufseher durch dass. 37.
Angel, Beschaffenheit ders. bei Ausübung der freien Angelfischerei 83.
— Gestattung der Anwendung ders. beim Fischfang 82.
Angelfischerei, freie, Ausübung ders. 14. 52. 80. 83.
— — Gleichstellung des Rheins mit den übrigen Wasserläufen bezüglich d. Ausübung ders. 79.
— — Verbot der Ausübung ders. in Wasserläufen mit wesentlich erniedrigtem Wasserstand 79.
— — zeitweiliges Verbot ders. 79.
Angelkarte, Bestimmungen üb. Ausstellung, Ertheilung u. Einziehung ders. 37 ff. 63. 88 ff.
— Muster ders. 95.
s. auch Karten.
Ankaufverbot, für Wirthe u. Händler bezüglich untermäßiger und zu schonender Fische 56.
Anstalten, öffentliche s. Gemeinden.
Aufsichtsbeamte, Aufzählg. ders. 87.
— Rechte ders. 38. 61. 65.
Aufsichtsbehörde, Benennung ders. 85.
— Zuständigkeit ders. b. Gestattung des Fischfangs u. der Vornahme von Arbeiten in Laich- u. Hegeplätzen 59.
— — — — — — des Lachsfanges während der Schonzeiten 77.
— — — — — — des Fischfanges zur Nachtzeit 78.
— — — — — — d. Fischfanges in Wasserläufen mit erniedrigtem Wasserstand 79.
— — — — — — d. Gebrauchs verbotener Netze beim Fange von Futter- und Köderfischen 83.
— — ders. in außerordentlichen Fällen 85.
— — ders. b. Verpachtung der dem Staate zustehenden Fischerei 86.
s. auch Meliorationsbauinspektor u. Wasserbauinspektor.

Bachforellen s. Forellen.
Barbe, Mindestmaß ders. 84.
— Schonzeit ders. 75.
Barsch, Mindestmaß dess. 84.
— Schonzeit dess. 75.
Baseler Übereinkunft, Inhalt ders. 3.
Bauliche Anlagen, welche den freien Zug der Fische behindern oder beeinträchtigen, Anlage v. Fischwegen in dens. 46.
Beigeordneter, Beaufsichtigung der Fischerei durch dens. 87.
Bennwasser, Erklärung dess. u. seiner Verzweigungen als schiffbar 18.
Beschlagnahme von Fischen und Fanggeräthen 72.
Bezirkspräsident, Befugnisse dess. bei der Anlage von Fischwegen 87.
— Befugnisse dess. bei Anordnung der Maßregeln bei Ableitung schädlicher Stoffe 49.
— Befugnisse dess. bei Beseitigung von widerrechtlich angelegten Fischwehren 66. 88.
— Befugnisse dess. bei Festsetzung d. Entschädigung für Entziehung der Fischereiberechtigung durch die Schiffbarkeitserklärung eines Wasserlaufes 19.
— Befugnisse dess. bei Festsetzung d. Entschädigung bei Entziehung von Nutzungsrechten durch die Erklärung einer Strecke als Laich- und Hegeplatz 60.
— Befugnisse dess. hinsichtlich der Kennzeichnung der Fischerfahrzeuge u. s. w. 58. 113 ff.
— Befugnisse dess. bei Gründung v. Fischereigenossenschaften 109 ff.
— Befugnisse dess. hinsichtlich des Röstens von Hanf u. Lein 49.
Bleßhuhn, Erklärung dess. als schädliches Thier 75.
Blicken, Beschaffenheit der Fanggeräthe ders. 83.
Blies, Fischereipolizei in ders. 12.
Brut s. Fischbrut.
Bürgermeister, Beaufsichtigung der Fischerei durch dies. 87.
— Befugnisse ders. hinsichtlich der Ausstellung v. Angel- u. Fischerkarten 40 ff. 88 ff.
— Befugnisse ders. hinsichtlich der Ernennung von Fischereiaufsehern 36.
— Befugnisse ders. bei Festsetzung der Entschädigung für Anlage von Fischwegen 47.
— Befugnisse ders. bei Festsetzung d. Entschädigung f. Entziehung der Fischereiberechtigung durch die Schiffbarkeitserklärung eines Wasserlaufes 19.
— Befugnisse ders. bei Festsetzung d. Entschädigung d. Entziehung von Nutzungsrechten durch die Erklärung einer Strecke als Laich- und Hegeplatz 60.
— Befugnisse ders. bei d. Gründung von Fischereigenossenschaften 30. 109 ff.
— Befugnisse ders. bei d. Ungültigkeitserklärung von Angel- oder Fischerkarten 43. 44. 89.
— Führung der Kartenregister durch dies. 89.
— Verfahren ders. bei Vereinnahmung und Verrechnung der Kartengebühr 89 ff.
s. auch Ortspolizeibehörde.

Dienstherrschaft, Haftbarkeit ders. 71.
Durchlässe, Verbot der Anlage ständiger Fischfangvorrichtungen an dens. u. des Fischens in dens. 80.

Ehemänner, Haftbarkeit ders. 71.
Ehrenrechte, Nichtbesitzer ders. erhalten keine Fischer- oder Angelkarten 43.
Einnehmer v. Fischereipachtgeldern, Ausschluß ders. von d. Verpachtung einer staatl. Fischerei 24.

Einziehung der Fischereigeräthe u. Fische bei Zuwiderhandlungen gegen das Fischereigesetz 61. 72.
Eistaucher, Bezeichnung dess. als schädliches Thier 75.
Eisvogel, Bezeichnung dess. als nicht schädliches Thier 75.
Ellritzen, Beschaffenheit der Fanggeräthe ders. 83.
Eltern, Haftbarkeit ders. 71.
Enten, Verbot des Aussetzens u. s. w. ders. in Laich- u. Hegeplätze 59.
Entschädigung s. Fischereiberechtigter und Nutzungsberechtigter.
Explodirende Stoffe s. Schädliche Stoffe.

Fache s. Fischereivorrichtung.
Fallen mit Schlagfedern, Gestattung der Anwendung ders. 83.
Fanganlagen, Verbot d. Herstellung von ständigen 45. 79.
Fanggeräthe, Angabe der verbot. 81.
— Beschaffenheit d. gestatteten 83.
— Verbot der Mitführung ders. durch Schiffer 58.
— Vorzeigung ders. an die Aufsichtsbeamten 61.
s. auch Einziehung, Kennzeichen.
Fangmittel, Verbot ders., welche eine Verwundung der Fische herbeiführen 82.
Fangverbot, während d. Schonzeit u. für untermäßige Fische 55.
Fangwerkzeuge s. Fanggeräthe.
Felchen. Mindestmaß ders. 84.
— Schonzeit ders. 76.
Feldschutzbeamte, Beaufsichtigung d. Fischerei durch dies. 87.
Fischbrut, Verbot der Zerstörung u. s. w. ders. 52.
— — des Verkaufs u. s. w. ders. 56 ff.
Fische, Begriff ders. im Sinne des Gesetzes 21.
Fische, Verbot d. Benutzung lebender als Köder bei Ausübung der freien Angelfischerei 84.
— Verbot der Verhinderung des Durchganges ders. 26.
s. auch Ankaufverbot, Beschlagnahme, Einziehung, Marktverbot, Mindestmaß, Schonzeit.
Fischer, Verpflichtungen ders. 25. 37. 55. 61. 65.
Fischerei, verbotene Arten der Ausübung ders. 49. 52. 63. 77 ff.
— Verwerthung der den Fischereigenossenschaften zustehenden 34.
— Verwerthung d. d. Gemeinden u. öffentl. Anstalten zustehenden 26.
— Verwerthung der dem Staate zustehenden 23. 86.
Fischereiaufseher, Ausschluß ders. bei Verpachtungen der dem Staate zustehenden Fischerei 24.
— Bestellung und Beeidigung der von Gemeinden u. s. w. und von Fischereiberechtigten angestellten 36.
Fischereiaufsicht, Angabe der damit betrauten Beamten 87.
— Befugnisse der damit betrauten Beamten 61.
Fischereiberechtigter, Befugnisse dess. bei Erlegung schädl. Thiere 21.
— Entschädigung dess. bei Erklärung eines Wasserlaufes als schiffbar 18. 19.
Fischereiberechtigung, in Baden 11.
— d. Fischereigenossenschaften 27 ff.
— in Fischteichen u. -behältern 20. 56. 87.
— nach französischem Recht 2.
— der Gemeinden 26.
— in Grenzflüssen 8 ff.
— des Inhabers einer Fischer- oder Angelkarte 39.
— des Staates 14. 23.
— der Ufereigenthümer 17. 32.
— in Wasserläufen innerhalb eingefriedigter Grundstücke 31.

Fischereiberechtigung, in schiff- und flößbaren Wasserläufen 14.
— in Wasserläufen auf Privateigenthum 16. 32.
Fischereibetrieb, ordentlicher, Entbindung von den Vorschriften über Schonzeiten u. s. w. bei Störung dess. 85.
Fischereigenossenschaft, allgemeine Bestimmungen über Bildung v. freien u. autorisirten 27 ff.
— Ausübung der Fischerei durch dies. 34.
— Ausschluß gewisser Wasserläufe v. d. Theilnahme an dens. 31.
— Kennzeichnung der Fischerfahrzeuge ders. 58.
— Verfahren bei Bildung v. autorisirten Genossenschaften 109 ff.
— Verfahren bei Bildung v. Genossenschaften durch d. Gemeinderath 30. 113.
— Vertheilung der Einkünfte ders. 34. 110.
Fischereigesetz, Verhandlungen im Landesausschuß über dass. 6 ff.
— örtlicher Geltungsbereich dess. 8 ff.
Fischereigesetzgebung, in Frankreich 1.
— in Elsaß-Lothringen unter deutscher Verwaltung 2.
Fischereigeräthe, Angabe der verbotenen 81 ff.
— Strafe des Besitzes verbotener 61.
Fischereipachtverträge, Gültigkeit ders. 35.
— Streitigkeiten über den Inhalt ders. 25.
Fischereipolizei, im Rhein 8.
— in der Saar u. der Blies 12.
Fischereiverpachtung, s. Fischerei und Verpachtung.
Fischereivorrichtungen, Beschaffenheit ständiger F. im Rhein 81.
Fischerfahrzeuge (Fischkästen, Kähne, Nachen) Einziehung ders. 61. 72.
Fischerfahrzeuge, Kennzeichnung ders. 58. 113 ff.
— Untersuchung der in dens. befindl. Fanggeräthe u. Fische 61.
Fischerkarte, Bestimmungen über Ausstellung, Ertheilung u. Einziehung ders. 37 ff. 63. 88 ff.
— Muster zu einer F. für schiff- u. flößbare Wasserläufe 92.
— desgl. für nicht schiff- u. flößbare Wasserläufe 94.
s. auch Karte.
Fischfang, Verbot dess. unter Anwendung explodirender u. schädlicher Stoffe 49.
— weitere verbotene Arten dess. 79 ff.
— Verbot dess. zur Nachtzeit 78.
Fischfanggeräthe s. Fanggeräthe.
Fischfangvorrichtungen, Verbot der Anbringung dauernder F. 45. 79.
Fischgabeln, Verbot d. Anwendung ders. 82.
Fischkästen s. Fischerfahrzeuge.
Fischlaich, Verbot des Verkaufs u. s. w. dess. 56.
— — der Zerstörung u. s. w. dess. 52.
Fischleiter s. Fischwege.
Fischnetz, zeitweise Nichtanwendung stehender F. 77.
s. auch Netze.
Fischotter, Bezeichnung ders. als schädliches Thier 75.
— Prämien für Erlegung ders. 23.
Fischpässe s. Fischwege.
Fischreiher s. Reiher.
Fischteiche, Fischereiberechtigung in dens. 20. 56. 87.
Fischwege, Anlage u. Unterhaltung ders. bei Wehren u. s. w. 46.
— Entschädigung bei Anlage ders. 46. 86.
— Verbot der Anlage von ständigen Fischereivorrichtungen an dens. 80.
— Verbot des Fischens im Innern ders. 80.

Fischwehre, Verbot d. Anlage ders. 45.
s. auch Fischereivorrichtung.
Fischzuchtanstalt, Fang v. Futterfischen für dies. 83.
s. auch Landesfischzuchtanstalt.
Flußforellen s. Forellen.
Forellen, Mindestmaß ders. 84.
— Schonzeit ders. 75.
Forstschutzbeamte, Beaufsichtigung der Fischerei durch dies. 87.
Frosch, Bezeichnung dess. als nutzbares Wasserthier 21. 74.
Froschfang, Berechtigung zur Ausübung dess. 74.
— zur Nachtzeit 78.
— Verbot dess. mit d. Rechen 78.
Futterfische, Gestattung d. Fanges ders. mit unvorschriftsmäßigen Netzen 83.

Gänse, Verbot d. Aussetzens u. s. w. ders. in Laich- u. Hegeplätze 59.
Gebühr, für Fischer- und Angelkarten 40. 88 ff.
— Erhebung ders. f. d. Gemeindekassen 40. 90.
— Verrechnung ders. als ordentl. Gemeindeeinnahmen 90.
s. auch Karte.
Gebührenfreiheit, der Anträge auf Ausstellung von Fischer- und Angelkarten 45. 88.
Geere, Verbot der Anwendung ders. 82.
Geflechte, Beschaffenheit ders. beim Fischfang 83.
Geldstrafen, Erhebung ders. für d. Staatskasse 72.
— Umwandlung ders. 68.
— Wegfall d. Umwandlg. ders. 71.
Geltungsbereich, örtlicher, des Fischereigesetzes 8.
Gemeinden, Verwerthung d. Fischerei ders. 26.
Gemeindekassen, Erhebg. d. Kartengebühren für dies. 40. 90.
Gemeinderath, Zuständigkeit dess. bei Gründung von Fischereigenossenschaften 30.
Genossenschaften s. Fischereigenossenschaften.
Gerichtskosten s. Kosten.
Gewässer, Verbot der Einleitung u. s. w. von dem Fischbestande schädlichen Stoffen in dies. 49.
— Zusammenstellung d. Bestimmungen betr. Verunreinigung ders. 68.
Gewerbliche Anlagen, Maßregeln bei Ableitung der den Fischen schädlichen Stoffe u. s. w. aus dem Betriebe ders. 49. 69 ff.
Gießen, Fischereiberechtigung in dens. 14.
Gründlinge, Beschaffenheit der Geräthe beim Fange ders. 83.

Hanf, Bestimmung d. Dauer u. des Ortes des Röstens dess. 49.
Händler, zeitweiliges Verbot des Ankaufs von Fischen durch dies. 56.
Harpunen, Verbot der Anwendung ders. beim Fischfang 82.
Haubentaucher, Bezeichnung dess. als schädliches Thier 75.
Hecht, Mindestmaß dess. 84.
Hegeplätze s. Laich- u. Hegeplätze.
Hülfsbeamte d. Staatsanwaltschaft, Beaufsichtigung der Fischerei durch solche 87.
Hülfspersonal, Zulassung dess. zum Fischfang ohne Karte 42.

Jagdpolizei, Wegfall d. Anwendung d. Bestimmungen ders. auf den Fang u. die Erlegung v. d. Fischbestande schädlichen Thieren 21.
Ill, Erklärung ders. als schiffbares Gewässer 18.
Jugendliche Personen, Wegfall der Strafermäßigung bei Zuwiderhandl. gegen d. Fischereigesetz 70.

Kähne, Kennzeichnung ders. 58. 113 ff.
Kanäle, Fischereiberechtigung in dens. 14. 16.
Karpfen, Mindestmaß ders. 84.
— Schonzeit ders. 75.
Karten, Bestimmungen über Ausstellung, Ertheilung und Einziehung ders. 37 ff. 63. 88 ff.
— Aufstellung eines Verzeichnisses ders. 89.
— Beschaffung ders. durch d. ausstellende Behörde 89.
— Einziehung ders. 43. 44. 64.
— Gebühren für dies. 40. 88 ff.
— Gebührenfreiheit der Anträge auf Ausstellung ders. 45. 88.
— Gültigkeitsdauer ders. 40. 88.
— für jugendliche Personen 43.
— Muster ders. 92 ff.
— Nachzahlung der Gebühren ders. 64.
— Numerirung ders. durch die ausstellende Behörde 89.
— Strafe der unterlassenen Mitführung ders. 65.
— Strafe der Überlassung ders. an andere Personen 63.
— Ungültigkeitserklärung ders. 43. 44.
— Unzulässigkeit der Ertheilung ders. 43.
— Unzulässigkeit einer 2. Ausfertigung ders. 88.
— Verpflichtung z. Lösung ders. 37.
— Ausnahmen v. d. Verpflichtung zur Lösung ders. 20. 42.
— Verrechnung der Gebühren ders. 90.
— Zulässigkeit der Verweigerung ders. 44.
s. auch Angelkarte, Fischerkarte.
Kassenkontroleur, Obliegenheit dess. b. Verrechng. d. Kartengebühr. 90.
Kennzeichen, der Fischerfahrzeuge u. s. w. 58. 113 ff.
Kinder, Ausübung der Fischerei durch dies. 43.
— Haftbarkeit für dies. 71 ff.
Köderfische, Fang ders. 83.
— Verbot d. Anwendung lebender K. bei Ausübung der freien Angelfischerei 84.
Körbe, Beschaffenheit der als Fangmittel verwendeten 83.
Kosten, Haftbarkeit für dies. bei gerichtlichen Bestrafungen 71.
Kormorane, Bezeichnung ders. als schädliche Thiere 75.
Krebse, Mindestmaß ders. 84.
— Schonzeit ders. 76.
Krebsfang, Beschaffenheit d. Fanggeräthe bei dems. 83.
— Gestattung dess. z. Nachtzeit 78.
— Gleichstellung dess. mit dem Fischfang im Sinne des Gesetzes 21.
— Verbot dess. in bestimmten Gewässern 76. 103 ff.
Kreisdirektor, Befugnisse dess. bei Verrechnung d. Kartengebühr. 90.
— Mitwirkung dess. b. Gründung von Genossenschaften 109 ff.
— Obliegenheiten bei Beschaffung der Karten 89 ff.
— Zuständigkeit bei Ertheilung v. Angel- und Fischerkarten 44.
— — bei Ausstellung von Ursprungszeugnissen 87.

Lachse, Fang ders. während der Schonzeiten 77.
— Mindestmaß ders. 84.
— Schonzeit ders. 75.
— Wochenschonzeit ders. 76.
Lachsfang, Beschaffenheit der b. dems. gestatteten Fanggeräthe 83.
— ausnahmsweise Gestattung dess. zur Nachtzeit 78.
— zeitweiliges Verbot dess. mit Reusen u. mit Zegensbetrieb 77.
Lachsfischerei, Vertrag wegen ders. 3. 116 ff.

Laich s. Fischlaich.
Laich- u. Hegeplätze, Bestimmung und Schutz ders. 59.
— — Dauer der Bestimmung von Strecken nicht schiff- u. flößbarer Wasserläufe als solche 60.
— — Gewährung v. Entschädigung bei Bestimmung v. Strecken nicht schiff- n. flößbarer Wasserläufe als solche 60.
Landesfischzuchtanstalt, Nichtanwendung gewisser Vorschriften des Gesetzes auf dies. 57.
Landeskasse, Erhebung der Geldstrafen für dies. 72.
— Uebernahme d. Entschädigungen bei Anlage von Fischwegen auf dies. 47.
Lein, Bestimmungen über d. Dauer u. die Orte des Röstens dess. 49.
Leinpfad, Benutzung dess. durch die Fischer 25. 86.
— Abmessung dess. 26. 86.
Licenzen, Ausstellung ders. für die Ausübung der Fischerei in staatlichen Gewässern 23. 86.
— desgl. in Gemeinden zugehörigen Gewässern 26.
— desgl. in Gewässern, in denen die Fischerei einer Genossenschaft zusteht 34.
Luzerner Übereinkunft 3. 122.

Maifische, Wochenschonzeit ders. 76.
— Gestattung des Fanges ders. zur Nachtzeit 78.
Maräne, Mindestmaß ders. 84.
— Schonzeit ders. 76.
Marktverbot, für in der Schonzeit gefangene u. für untermäßige Fische 55.
Marktverkehr, mit Krebsen 76.
— mit Fröschen 78.
Maschenweite, der zum Fischfang benutzten Netze 83.
Meliorationsbaubeamte, Ausschluß ders. von der Theilnahme an der Verpachtung einer staatlichen Fischerei 24.
Meliorationsbauinspektor, Bestellung dess. als Aufsichtsbehörde 85.
— Mitwirkung dess. b. d. Gründung von Genossenschaften 109 ff.
— — — b. d. Fischereiverpachtung der Gemeinden 26.
s. auch Aufsichtsbehörde.
Messungsart, zur Bestimmung des Mindestmaßes 84.
Minderjährige, Ertheilung v. Angel- u. Fischerkarten an dies. 43.
— Haftbarkeit für dies. 71 ff.
s. auch jugendliche Personen.
Mindestmaß, Angabe dess. für bestimmte Fische 84.
— Festsetzung dess. durch das Ministerium 52. 84.
— Verbot des Fanges u. s. w. untermäßiger Fische 55 ff.
Ministerium, Zuständigkeit dess. bei Anlage von Fischwegen 87.
— — bei Bestimmung der Art u. Weise u. Zeit der Ausübung der Fischerei 52.
— — bei Bestimmung d. Begriffs der nutzbaren Wasserthiere 21. 74.
— — bei Bestimmung d. Begriffs der dem Fischbestande schädlichen Thiere 22. 75.
— — bei Bestimmung der Laich- und Hegeplätze 59.
— — bei allgemeiner Bestimmung der bei Ableitung schädl. Stoffe zu beobachtenden Maßregeln 49.
— — bei Erlaß v. Verordnungen über Form u. Inhalt d. Angel- u. Fischerkarten u. das Verfahren bei Ertheilung ders. 45. 88 ff.
— — bei Gestattung v. Ausnahmen von Innehaltung der Schonzeiten u. s. w. 57. 85.
— — bei Gestattung des Fischfanges zur Nachtzeit 78.

Ministerium, Zuständigkeit dess. bei Regelung d. Verfahrens bei Bildung v. Genossenschaften 28. 109 ff.
Mühlgerinne, Verbot der Anlage v. ständigen Fischereifangvorrichtungen an dens. u. theilweises Verbot d. Fischens im Innern ders. 80.
Mühlgräben, Fischereiberechtigung in dens. 16.

Nachen, Kennzeichnung ders. 58.
Nachtreiher, Bezeichnung dess. als schädliches Thier 75.
Nachtzeit, Dauer ders. 78.
— Verbot des Fischfanges während ders. 63. 78. 79.
— Verschärfung der Strafe für Zuwiderhandlungen gegen das Fischereigesetz während ders. 67.
Naturereignisse, unvorhergesehene s. Nothstand.
Netze, Breitenausdehnung ders. 81.
— Weite der Maschen ders. 83.
Nothstand, Entbindung v. d. Beobachtung der Vorschriften über Schonzeiten u. s. w. bei Eintritt eines solchen 85.
Nutzbare Wasserthiere, Angabe ders. 21. 74.
Nutzungsberechtigter, Entschädigung dess. bei Anlage eines Laich- u. Hegeplatzes in nicht schiff- und flößbaren Wasserläufen 60.

Oktroibeamte, Beaufsichtigung der Fischerei durch dies. 87.
Ortspolizeibehörde, Bekanntgabe d. Verbots des Betretens der Ufer in nicht schiff- und flößbaren Wasserläufen durch dies. 32.

Pachtverträge, Dauer der v. Gemeinden, öffentlichen Anstalten u. Genossenschaften abgeschlossenen 26. 34.
Pachtverträge, Unzulässigkeit des Abschlusses ders. für Private durch die Gemeindebehörde 27.
s. auch Fischereipachtverträge, Verpachtung.
Pflanzen, Verbot der Wegnahme aus Laich- u. Hegeplätzen 59.
Polizeiaufsicht, Einfluß ders. auf die Ausstellung von Fischer- und Angelkarten 43.
Polizeibeamte, Beaufsichtigung der Fischerei durch dies. 87.
Polizeidirektor, Befugniß dess. zur Ausstellung u. s. w. v. Angel- und Fischerkarten 40. 88.
— desgl. zur Ausstellung von Ursprungszeugnissen 87.
— desgl. bei Ungültigkeitserklärungen von Angel- und Fischerkarten 89.
— Obliegenheiten dess. bei Beschaffung der Angel- u. Fischerkarten u. bei Vereinnahmung u. Verrechnung d. Gebühren 89 ff.
s. auch Ortspolizeibehörde.
Prämien, für Erlegung schädlicher Thiere 23.

Quappe s. Rufolk.

Rechtsweg, Zuläfsigkeit dess. bei Beschränkung der Nutzungsrechte durch Erklärung d. Strecke eines nicht schiff- u. flößbaren Wasserlaufes zum Laich- u. Hegeplatz 60.
— — — b. Entziehung d. Fischereiberechtigung in Folge Schiffbarkeitserklärung eines Wasserlaufes 19.
— — — bei Feststellung der Entschädigung für Anlage von Fischwegen 47.
— — — bei Streitigkeiten üb. Pachtverträge bezüglich staatlicher Fischereien 25.

Regenbogenforellen, Mindestmaß ders. 84.
— Schonzeit ders. 75.
Reiher, Bezeichnung ders. als schädliche Thiere 75.
Reusen, Beschaffenheit ders. b. Fischfang im Rhein 81.
— Weite der Öffnungen ders. 83.
— zeitweiliges Verbot des Lachsfanges mit dens. 77.
Reusenschlupf s. Reusen.
Rhein, Erklärung dess. als schiffbar 18.
— Fischereipolizei in dems. 9.
Rötheli s. Saibling.
Rohrdommel, Bezeichnung ders. als schädliches Thier 75.
Rohrhuhn, Bezeichnung dess. als schädliches Thier 75.
Rückfall, Verschärfung der Strafe bei Zuwiderhandlungen gegen das Fischereigesetz im R. 67.
Rufolk, Mindestmaß dess. 84.
— Schonzeit dess. 76.
Rutte s. Rufolk.

Saar, Erklärung ders. als schiffbar 18.
— Fischereipolizei in ders. 12.
Säger, Bezeichnung dess. als schädliches Thier 75.
Sägetaucher, Bezeichnnng dess. als schädliches Thier 75.
Saibling, Mindestmaß dess. 84.
— Schonzeit dess. 75.
Salm s. Lachs.
Sand, Verbot der Ausführung dess. aus einem Laich- u. Hegeplatz 59.
Schädliche Stoffe, Maßregeln bei Ableitung ders. 107 ff.
— — Verbot des Fischfanges unt. Anwendung ders. 49. 63. 68 ff.
— — Verbot d. Einleitung u. s. w. ders. in Wasserläufe 49. 65. 67. 68 ff.
— — Zusammenstellung der Bestimmungen über d. Einleitung u. s. w. ders. in Wasserläufe 68 ff.
Schädliche Thiere, Angabe ders. 75.
— — Vertilgung deis. 21.
Schädliche Wasservögel, Verbot des Einsetzens u. s. w. in Laich- und Hegeplätze 59.
Schiff- u. flößbare Wasserläufe, Ausstellung von Fischerkarten zur Ausübung d. Fischerei in dens. 37. 40. 88. 92.
— Ausübung d. freien Angelfischerei in dens. 14. 37. 39. 79. 83. 95.
— Entschädigung d. Fischereiberechtigten bei Erklärung v. Wasserläufen als schiff- u. flößbar 18. 19.
— Erklärung v. Wasserläufen als schiff- und flößbar 18.
— Fischereiberechtigung in dens. 14. 23.
Schiffer, Verbot des Mitführens v. Fischfanggeräthschaften durch dies. 58.
Schill s. Zander.
Schlamm, Verbot des Ausführens dess. aus Laich- u. Hegeplätzen 59.
— — der Ablagerung dess. in ein Bachbett 70.
Schleien, Mindestmaß ders. 75.
— Schonzeit ders. 84.
Schleifen, Verbot der Anwendung ders. beim Fischfang 82.
Schleppnetze, Verbot d. Anwendung ders. außerhalb des Rheins 82.
Schleusen, Anlage von Fischwegen in dens. 46.
— Verbot d. Anlage ständiger Fischfangvorrichtungen an dens. 79.
— theilweises Verbot des Fischens im Innern ders. 80.
Schlingen, Verbot der Anwendung ders. beim Fischfang 82.
Schmerlen, Beschaffenheit d. Fanggeräthe ders. 83.
Schonreviere s. Laich- und Hegeplätze.
Schonzeiten, Festsetzung ders. 52. 75.
— Beschränkung des Fischfanges u. s. w. während ders. 55 ff.

Schonzeiten, Wegfall der Bestimmungen über dies. 57. 85.
Schußwaffen, Verbot d. Anwendung ders. bei Vertilgung schädlicher Thiere 22.
Schützen, Verbot der Anlage von ständigen Fischereifangvorrichtungen an dens. 80.
Schützenanlagen, theilweises Verbot des Fischens im Innern ders. 80.
Schwäne, Verbot d. Einsetzens u. s. w. ders. in Laich- u. Hegeplätze 59.
Seeforellen, Mindestmaß ders. 84.
— Schonzeit ders. 75.
Selbstfänge, Verbot der Anlage ders. bei Ausübung der Fischerei 79.
Sperrnetze, Beschaffenheit ders. beim Fischfang im Rhein 81.
Spreitgarn, Anwendung dess. beim Fischfang 82.
Staatsgebühren, Wegfall ders. bei Schriftstücken betr. d. Ausstellng. v. Angel- u. Fischerkarten 45. 88.
Staatskasse s. Landeskasse.
Staatsvertrag, zwischen Baden u. Frankreich wegen der Fischerei im Rhein 8.
— zwischen Deutschland, d. Niederlanden und der Schweiz s. Lachsfischerei.
— zwischen Elsaß-Lothringen, Baden und der Schweiz s. Baseler u. Luzerner Übereinkunft.
— zwischen Preußen u. Frankreich wegen der Fischerei in der Saar und in der Blies 12.
Statthalter, Zuständigkeit dess. zur Bestimmung von Wasserläufen als schiff- oder flößbare 18.
Stauanlagen, Verbot ständiger Anlagen, die den Durchzug d. Fische verhindern 45. 46.
— Beseitigung schon bestehender Hindernisse für den Durchzug der Fische 46.
Stecheisen, Verbot der Anwendung dess. beim Fischfang 82.
Steine, Verbot des Ausführens ders. aus einem Laich- und Hegeplatz 59.
— Verbot der Ablagerung ders. in ein Bachbett 70.
Stempelpflicht s. Staatsgebühren.
Steuerbeamte, Beaufsichtigung der Fischerei durch dies. 87.
Störung des ordentlichen Fischereibetriebs s. Fischereibetrieb.
Strafermäßigung, Wegfall ders. für jugendliche Personen b. Zuwiderhandlungen gegen das Fischereigesetz 70.

Taucher, Bezeichnung dess. als schädliches Thier 75.
Tauchergans, Bezeichnung ders. als schädliches Thier 75.
Treibnetze, Befestigungsart u. Entfernung ders. von einander 82.
Trockenlegung von Wasserläufen, Verbot ders. zum Zwecke des Fischfangs 79.
Trusche s. Rufolk.

Uferbetretungsrecht, bei schiff- und flößbaren Wasserläufen 25.
— bei nicht schiff- und flößbaren Wasserläufen 32.
s. auch Fischer, Ortspolizeibehörde.
Ufereigenthümer, Anhörung ders. bei Anlage u. Erneuerung von Laich- u. Hegeplätzen in nicht schiff- u. flößbaren Wasserläufen 59. 60.
— Berechtigung zum Verbot des Betretens des Ufers zum Zwecke des Fischfangs in nicht schiff- und flößbaren Wasserläufen 32.
— Fischereiberechtigung ders. 17.
Ursprungszeugnisse, Ausstellung ders. bei Ausfischung von Fischteichen 87.

Verkaufsverbot, für beschlagnahmte und versteigerte Fische 65.
— für Fische mit Mindermaß und während der Schonzeit 55.
Verpachtung, der Fischerei der Gemeinden und öffentlichen Anstalten 26.
— der Fischerei der Genossenschaften 34.
— der dem Staate zustehenden Fischerei 23.
— Ausschluß bestimmter Personen bei der V. der dem Staate zustehenden Fischerei 24.
Verunreinigung der Wasserläufe durch schädliche oder explodirende Stoffe 49. 68.
— — — — Maßregeln zur Verhinderung ders. 107 ff.
Verurtheilung zu gewissen Strafen, Verweigerung der Angel- und Fischerkarte in Folge ders. 44.
Vögel s. schädliche Thiere u. schädliche Wasservögel.
Vormünder, Haftbarkeit ders. 71.
Vorrichtungen, ständige, Verbot der Anlage ders. zum Zwecke des Fischfangs 45. 79.

Wasserbaubeamte, Ausschluß ders. von der Theilnahme an der Verpachtung einer staatlichen Fischerei 24.
Wasserbauinspektor, Befugniß dess. zur Ausstellung u. s. w. von Fischerkarten für schiff- und flößbare Wasserläufe 40 ff. 88.
— Obliegenheiten dess. bei Vereinnahmung und Verrechnung der Kartengebühr 89 ff.
Wasserbauinspektor, Zuständigkeit bei Ungültigkeitserklärung einer Fischerkarte für schiff- und flößbare Wasserläufe 89.
s. auch Aufsichtsbehörde.
Wasserfall, Verbot der Anlage ständiger Fischereivorrichtungen an dens. 80.
Wasserhuhn, Bezeichnung dess. als schädliches Thier 75.
Wasserläufe, Erklärung ders. als schiff- und flößbar 18.
— Verbot der Verunreinigung ders. 49 ff. 68.
Wasserpflanzen s. Pflanzen.
Wasservögel s. schädliche Wasservögel.
Wehre, Anlage von Fischwegen in dens. 46.
— Verbot der Anlage von ständigen Fischfangvorrichtungen an dens. 79.
— theilweises Verbot des Fischens an dens. 80.
Wild s. schädliche Thiere.
Wirthe, Verbot des Ankaufs u. s. w. von Fischen während d. Schonzeit oder mit Mindermaß durch dies. 56.
Wohnort, Begriff dess. 41. 42.
Wurfgarn, Anwendung dess. beim Fischfang 82.

Zander, Mindestmaß dess. 84.
— Schonzeit dess. 75.
Zegensfischerei, zeitweises Verbot ders. 53. 77.
Zollbeamte, Beaufsichtigung der Fischerei durch dies. 87.
Zuchthaus, Zulässigkeit der Verweigerung e. Angel- od. Fischerkarte weg. Verurtheilung zu dems. 44.

Gesetzgebung von Elsaß-Lothringen,
politische und staatswissenschaftliche Werke.

Sammlung der in Elsaß-Lothringen geltenden Gesetze. Auf Anregung des Wirkl. Geheimen Rats Dr. von Möller bearbeitet und herausgegeben in Verbindung mit anderen reichsländischen Juristen von F. Althoff, ordentlichem Professor, R. Förtsch, Landgerichtsdirektor, A. Harseim, Justizrat und Gouvernementsauditeur, A. Keller, Oberlandesgerichtsrat und A. Leoni, Landgerichtsrat. 5 Bde. und Register. XXX. 761; VI. 1007; 1183; XXXII. 815; XXXVIII. 981; 181 S. 1880—1892.
Herabgesetzter Preis: brosch. M. 58.—, geb. in eleg. Halbfrzbd. M. 68.50.

Daraus einzeln:
IV. Band, die Gesetze von 1881—1885 mit Register enthaltend.
Preis: brosch. M. 14.—, gebunden M. 16.—.
V. „ die Gesetze von 1886—1890 mit Gesamtregister für alle Bände enthaltend.
Preis: brosch. M. 18.—, gebunden M. 20.—.

Ausführungsgesetze.

Die Elsaß-Lothringischen Ausführungsgesetze und Verordnungen zu den Reichs-Justizgesetzen nebst einigen weiteren Gesetzen über Gewerbegerichte, Forststrafrecht, Erbbescheinigungen, Feld- und Fährpolizei-Uebertretungen, Vormundschaften und Zwangsenteignung. Textausgabe mit französischer Uebersetzung und Anmerkungen. Zweite verbesserte und vermehrte Auflage. — **Les lois et ordonnances d'exécution** des lois de justice de l'Empire d'Allemagne et les lois concernant les Prud'hommes, le Droit pénal forestier, les Certificats de Qualité d'héritier, les Contraventions en matière de police rurale et des bacs et bâteaux, les Tutelles et l'Expropriation pour cause d'utilité publique. Texte allemand et français avec annotations. 2e édit. revue et augmentée, 8°. 445 S. 1887. broschirt M. 5.—, gebunden M. 6.30

Baurecht.

Das Elsaß-Lothringische Baurecht, enthaltend eine systematische Darstellung der auf Bauten bezügl. Vorschriften des öffentlichen und Privatrechts, sowie eine Zusammenstellung der zugehörigen Gesetze und Verordnungen in deutscher Uebersetzung. Herausgegeben von R. Förtsch, Kammerpräsident in Metz, und M. Caspar, Abtheilungsbaumeister in Straßburg. 8°. XII. 394 S. 1879.
(früherer Preis M. 8.—) herabgesetzt auf M. 5.—

Enregistrementsgesetze.

Die Gesetze über Enregistrements-, Stempel- und Hypothekengebühren und ähnliche Abgaben in Elsaß-Lothringen. Der Zeitfolge nach zusammengestellt, übersetzt und herausgegeben von Karl Jacob, kaiserl. Regierungsrat. 8°. V u. 459 S. 1878. M. 6.—

Erbbescheinigungen.

Gesetz, betreffend die Ausstellung gerichtlicher Erbbescheinigungen und die Zuständigkeit der Amtsgerichte vom 10. Mai 1886. — **Loi sur la délivrance de certificats judiciaires constatant la qualité d'héritier et la compétence des tribunaux cantonaux** du 10 mai 1886. Texte allemand et français. 8°. 11 S. 1886. kart. M. 0.50

Erbschaftssteuer.

Das Erbschaftssteuergesetz für Elsaß-Lothringen vom 12. Juni 1889, in amtlichem Auftrage erläutert und herausgegeben von Karl Jacob, Geh. Regierungsrat und ständiger Hilfsarbeiter im Ministerium für Elsaß-Lothringen. Mit einem Anhang, enthaltend das Gesetz vom 28. Mai 1888, betr. die Strafsachen der Enregistrementsverwaltung. 8°. VI u. 238 S. 1890.
Amtliche Ausgabe. geb. M. 3.—

Feld- und Fährpolizei.

Gesetz, betr. die Bestrafung von Zuwiderhandlungen gegen die Vorschriften der Feld- und Fährpolizei, vom 30. März 1887.
Siehe Ausführungsgesetze.

Feldpolizeistrafgesetz vom 9. Juli 1888. Deutscher Text mit französischer Uebersetzung und Anmerkungen nach amtlichen Quellen bearbeitet. — **Code pénal rural** du 9 juillet 1888. Texte allemand avec traduction française et annotations. 8°. 88 S. kart. M. 1.—

— — Dasselbe, deutscher Text allein. 8°. 45 S. kart. M. 0.80

Fischereigesetz.

Das Gesetz für Elsaß-Lothringen, betr. die Fischerei, vom 2. Juli 1891. Im Auftrage des Ministeriums, Abtheilung für Finanzen, Landwirthschaft und Domänen, erläutert und herausgegeben von Freiherrn von Bibra, Ministerialrath und Lichtenberg, Regierungsassessor. 8°. VI u. 111 S. 1893.
Amtliche Ausgabe. In Ganz-Leinwand geb. M. 3.50, brosch. M. 3.—

Forststrafrecht.

Gesetz, betr. das Forststrafrecht und das Forststrafverfahren, vom 28. April 1880. Siehe Ausführungsgesetze.

Fuhrwesen.

Die in Elsaß-Lothringen geltenden Gesetze über das Fuhrwesen. Uebersetzt und herausgegeben im Auftrage des kaiserl. Oberpräsidiums. 8°. 52 S. 1877.
kart. M. 0.60

Gemeindegesetzgebung.

Die Gemeindegesetzgebung in Elsaß-Lothringen. Zusammenstellung der Gesetze, Verordnungen, Ministerialverfügungen u. s. w., übersetzt und erläutert von Frhr. von Reichlin, kaiserl. Regierungsrat. 2. vermehrte und umgearbeitete Aufl. 8°. X u. 404 S. 1885. broschirt M. 5.—
gebunden M. 6.30

Gewerbegerichte.

Gesetz, betr. die Gewerbegerichte, vom 23. März 1880. Siehe Ausführungsgesetze.

Grundeigenthum und Grundbuchsystem.

Die elsaß-lothringischen Gesetze betreffend Grundeigenthum und Hypothekenwesen sowie die Einrichtung von Grundbüchern nebst den Kostengesetzen und Ausführungsverordnungen. Mit Erläuterungen herausgegeben von A. Leoni, k. Ministerialrat. 8°. VIII u. 248 S. 1892.
Amtliche Ausgabe. In Ganz-Leinwand geb. M. 4.—

Die Gesetzentwürfe, betreffend die Einführung des Grundbuchsystems in Elsaß-Lothringen. — Les projets des lois concernant l'introduction du système des livres fonciers en Alsace-Lorraine. 8°. 89 S. 1885. M. 1.50

Begründung der Gesetzentwürfe betreffend die Einführung des Grundbuchsystems in Elsaß-Lothringen. — Motifs des projets des lois concernant l'introduction du système des livres fonciers en Alsace-Lorraine. 8°. 421 S. 1885. M. 6.—

Die neuen Gesetzentwürfe betreffend die Reform des Grundeigentums und Hypothekenrechts und die Einführung des Grundbuchs in Elsaß-Lothringen. Mit französischer Uebersetzung. 8°. 95 S. 1886. M. 1.50

Les livres fonciers d'après les projets de lois soumis à la Délégation d'Alsace-Lorraine dans la session de 1885. Rapport présenté à la Délégation par le député G. Gunzert. 8°. 127 S. 1885. M. 2.—

Jagdgesetze.

Das Elsaß-Lothringische Jagdgesetz. Textausgabe mit französischer Uebersetzung und Anmerkungen von einem Mitgliede des Landesausschusses. — **Loi sur l'exercice du droit de chasse en Alsace-Lorraine.** Texte allemand et français avec annotations par un membre de la Délégation. 8°. 31 S. 1881. kart. M. 0.80

Das Elsaß-Lothringische Jagdpolizeigesetz nebst der darauf bezüglichen Verordnung. Textausgabe mit französischer Uebersetzung und Anmerkungen von einem Mitgliede des Landesausschusses. 2. Aufl. — **Loi et ordonnance ministérielle sur la police de la chasse.** Texte allemand et français avec annotations par un membre de la Délégation. 2e édit. 8°. 41 S. 1883. kart. M. 0.80

Die Gesetze und Verordnungen über Jagd und Vogelschutz in Elsaß-Lothringen. Zusammengestellt und erläutert von A. Halley, k. Ministerialrath. 8°. IV u 103 S. 1890. geb. M. 1.50

Katastergesetz.

Das Elsaß-Lothringische Katastergesetz vom 31. März 1884 und das Gesetz vom 6. April 1892 betreffend Abänderung des Katastergesetzes sowie Ausgleichung der Grundsteuer. Text mit französischer Uebersetzung und Anmerkungen von Dr. Wilhelm Gunzert, Mitglied des Landesausschusses. — **Loi sur le renouvellement du cadastre en Alsace-Lorraine** du 31 mars 1884 et sur la Péréquation des impôts fonciers du 6 avril 1892. Texte allemand et français avec annotations par Guill. Gunzert, député à la Délégation. 8°. 102 S. 1892. kart. M. 1.—

Kirchenrecht.

Das Staatskirchenrecht in Elsaß-Lothringen. Zusammenstellung der betr. Gesetze, Verordnungen, Staatsratsgutachten und Ministerialverfügungen. Im Auftrage des Oberpräsidenten übersetzt und herausgegeben von E. Dursy, kaiserl. Ministerialrat.

I. Katholischer Cultus. 8°. 1876. (Vergriffen.)

II. Protestantischer Cultus. 8°. XXII u. 624 S. 1879. M. 8.—

Das französische und reichsländische Staatskirchenrecht. (Christl. Kirchen und Israeliten.) Systematisch bearbeitet und verglichen mit den neuesten Gesetzen und der Rechtsprechuug der deutschen Staaten, von F. Geigel, kaiserl. Regierungsrat a. D. zu Colmar. 8°. XX u. 504 S. 1884. (Vergriffen.)

Strafgesetze.

Sammlung der in Elsaß-Lothringen in Geltung gebliebenen französischen Strafgesetze, mit Erläuterungen und Sachregistern herausgegeben von R. Förtsch und A. Leoni. 2 Teile 8°. 1875, 1876.

I. Teil: Presse, Fischerei, Feldpolizei, Vereins- und Versammlungsrecht. (Vergriffen.)

II. Teil: Die übrigen Materien enthaltend. XI u. 432 S. M. 6.—

Schöffenbüchlein für Elsaß-Lothringen. Ein Hilfsbuch für Schöffen, Amtsrichter, Amtsanwälte, Rechtsanwälte, Bürgermeister und Polizeikommissare, von R. Förtsch, Landgerichtsdirektor in Metz. — **Manuel des échevins d'Alsace-Lorraine.** Guide pour Messieurs les échevins, juges et procureurs cantonaux, avocats, maires et commissaires de police. Traduction française par G. Gunzert, président de Chambre à Strasbourg. 8°. 432 S. 1881. kart. M. 2.40

Teilungsverfahren.

Gesetz, betreffend das Teilungsverfahren, vom 14. Juni 1888. Deutscher Text mit französischer Uebersetzung und Anmerkungen nach amtlichen Quellen bearbeitet. — Loi sur les partages judiciaires du 14 juin 1888. Texte allemand avec traduction française et annotations. 8°. 63 S. kart. M. 1.—

Verordnungen und amtliche Nachrichten.

Amtliche Nachrichten für Elsaß-Lothringen. Verordnungen und Bekanntmachungen des General-Gouverneurs, des Civil-Commissars und des Oberpräsidenten. Aug. 1870 b. Ende März 1879. 4°. XXIV u. 198 S. 1879. M. 6.-

Verordnungen und amtliche Nachrichten für Elsaß-Lothringen aus der Zeit vom Beginn der deutschen Occupation bis Ende März 1872. Herausgegeben vom Oberpräsidial-Bureau. 8°. XLIII u. 592 S. 1872. M. 4.—

— über die Erfordernisse zur Anstellung im Pfarramte der Kirche Augsburgischer Confession in Elsaß-Lothringen. Nach amtlichen Quellen herausgegeben. 8°. 20 S. 1873. M. 0.40

— über die Prüfung der Kandidaten des höheren Schulamts in Elsaß-Lothringen. Nach amtlichen Quellen bearbeitet. 8°. 44 S. 1873. M. 0.60

Druckerei der „Straßb. Neuesten Nachrichten", vorm. H. L. Kayser.

FSC
www.fsc.org
MIX
Papier | Fördert gute Waldnutzung
FSC® C083411

Kolibri 360 GmbH
Ferdinand-Jühlke-Straße 7
99095 Erfurt, Deutschland
produktsicherheit@kolibri360.de